U0957875

# 金融风险管理理论与实践研究

万晓丹　王诗雨　著

中国纺织出版社有限公司

## 内 容 提 要

本书全面探讨了金融领域中的各类风险及其应对策略。首章从定义与分类入手，介绍了金融风险管理的重要性与应对策略。后几章深入探讨了金融风险的测量与评估、市场风险管理与对冲、信用风险管理与控制、操作风险管理与防范以及流动性风险管理与应对的策略与技术工具。书中还探讨了金融风险监管的相关法规要求以及合规措施，展望了金融风险管理的未来趋势，强调了技术创新对金融风险管理的影响。本书旨在为金融行业从业者提供理论支持与实践指导。

**图书在版编目（CIP）数据**

金融风险管理理论与实践研究 / 万晓丹，王诗雨著. -- 北京：中国纺织出版社有限公司，2024.5

ISBN 978-7-5229-1684-2

Ⅰ. ①金… Ⅱ. ①万… ②王… Ⅲ. ①金融风险—风险管理—研究 Ⅳ. ①F830.9

中国国家版本馆 CIP 数据核字（2024）第 074819 号

责任编辑：段子君　　特约编辑：周亚纯
责任校对：高　涵　　责任印制：储志伟

中国纺织出版社有限公司出版发行
地址：北京市朝阳区百子湾东里 A407 号楼　邮政编码：100124
销售电话：010—67004422　传真：010—87155801
http://www.c-textilep.com
中国纺织出版社天猫旗舰店
官方微博 http://weibo.com/2119887771
三河市延风印装有限公司印刷　各地新华书店经销
2024 年 5 月第 1 版第 1 次印刷
开本：710×1000　1/16　印张：10.25
字数：170 千字　定价：99.00 元

# 前言

PREFACE

金融风险管理，作为当今金融领域最关键的议题之一，面临着日益严峻的挑战和机遇。全球化的金融市场、快速变化的宏观经济环境，以及新兴科技的快速发展，使得金融业务具有前所未有的多样化和复杂性。在这个背景下，有效的金融风险管理不仅是金融机构生存和发展的必然要求，更是维护整个金融系统稳定性不可或缺的一环。

本书旨在通过对金融风险管理理论与实践的深入研究，为广大读者提供全面且实用的参考。本书将深入挖掘金融风险管理的本质，不仅关注其背后的理论框架，更关注实践中的应用和经验总结。

理论的演变是本书首要关注的内容。从传统的价值 VaR（ Value at Risk ）模型到更为灵活和复杂的风险度量方法，金融风险管理理论不断迭代、不断丰富。笔者审视这一演变过程，探讨各种理论的优劣、适用性和实际操作中的应用。同时，通过对实践案例的深入研究，总结出了行业最佳实践，挖掘成功和失败背后的经验教训。

在探讨金融风险管理的未来趋势时，还需要关注技术创新对这一领域的影响。人工智能、区块链等新兴技术如何改变风险管理的格局，是一个备受关注的问题。本书通过对技术创新的前瞻性分析，为读者描绘出未来风险管理可能的形态，以及应对这些挑战的策略。

最后，本书将对金融风险管理的学术研究进行深入探讨。理论与实践相辅相成，学术研究为理论提供不竭的动力。本书通过关注研究前沿的问题，揭示当前学术界关注的热点和未解之谜。通过对这些问题的分析，希望激发更多学者参与到金融风险管理研究中，共同推动这一领域的发展。

笔者希望本书能够成为一份有深度、有广度的关于金融风险管理的参考资料。在这个充满挑战和机遇的时代，不断提升金融风险管理水平将成为金融机构和投资者的迫切需求，以确保金融系统长期稳定和可持续发展。

万晓丹

2023 年 11 月

# 目录

CONTENTS


第一章　金融风险管理概述……1

第一节　金融风险的定义与分类……1

第二节　金融风险管理的重要性……10

第三节　金融市场中的风险挑战与应对策略……14

第二章　金融风险的测量与评估……21

第一节　金融风险度量方法与模型……21

第二节　风险评估的定量与定性分析……28

第三节　金融风险管理工具与案例分析……33

第三章　市场风险管理与对冲……41

第一节　市场风险的来源与特征……41

第二节　金融市场风险管理工具与技术……48

第三节　对冲策略与实际应用案例……54

第四章　信用风险管理与控制……63

第一节　信用风险的本质与类型……63

第二节　信用风险评估与管理模型……71

第三节　信用风险管理的实践与应对策略……79

第五章　操作风险管理与防范……85

第一节　操作风险的识别与评估……85

第二节　操作风险控制与监管机制……89
第三节　操作风险管理的技术工具与实践案例……94
**第六章　流动性风险管理与应对……101**
第一节　流动性风险的特点与来源……101
第二节　流动性风险管理的策略与方法……107
第三节　金融市场中的流动性风险案例分析……112
**第七章　金融风险监管与合规……123**
第一节　金融机构的合规与风险控制……123
第二节　监管机构对金融风险管理的指导与要求……128
**第八章　未来趋势与展望……141**
第一节　金融风险管理的发展方向与趋势……141
第二节　技术创新对金融风险管理的影响……144
第三节　金融风险管理理论与实践的未来展望……147
**参考文献**

# 第一章　金融风险管理概述

## 第一节　金融风险的定义与分类

### 一、风险与风险管理

#### （一）风险的相关概念

1. 风险的定义

近几年，关于风险的定义在国内外相关机构的表述中存在差异。国家虚假财务报告委员会下属的发起人委员会（COSO）在 2017 年修订并发布的《企业风险管理——与战略绩效整合》中，将风险概括为不确定性事件对企业商业目标实现的可能性产生的影响。而国际标准化组织（ISO）在 2018 年公布的《ISO 31000：风险管理指南》中则强调风险是由不确定性对目标对象造成的冲击。

国内方面，近期发布的相关文件对风险的定义也呈现多样性。国务院国有资产监督管理委员会于 2006 年颁布的《中央企业全面风险管理指引》中将风险界定为未来的不确定性因素对企业经营目标达成所造成的潜在影响。而中华人民共和国财政部于 2018 年出版的《管理会计应用指引第 700 号——风险管理》则明确指出，风险即那些可能对企业战略与经营目标实现产生影响的不确定性因素。

2. 风险的分类

根据中华人民共和国财政部颁发的《管理会计应用指引第 700 号——风险管理》可知，企业所面对的风险主要划分为内部风险和外部风险两大类别，详细的分类和定义如表 1-1 所示。

**表 1-1　风险类别与具体内容**

| 风险类别 | 风险名称 | 具体内容 |
|---|---|---|
| 内部风险 | 运营风险 | 运营活动无法达到预期的目标而造成的亏损 |
| | 财务风险 | 某一特定期间内所赚取的财务收益与预期收益之间发生背离的可能性 |
| | 战略风险 | 战略目标不能实现的概率以及由此造成的亏损 |

续表

| 风险类别 | 风险名称 | 具体内容 |
|---|---|---|
| 外部风险 | 市场风险 | 处在复杂多变的外部市场中所造成的与经营业务相关的风险 |
| | 法律风险 | 自身经营行为失范或外部法律环境显著改变所导致的遭受不良法律后果的可能性 |
| | 技术风险 | 技术本身的复杂性和其他相关因素变化的不确定性而导致技术创新遭遇失败的可能性 |
| | 环境风险 | 宏观经济环境变化和与其有关的相关政策的改变而承担损失的风险 |

这一分类符合风险管理的实际需要，将企业可能面对的风险从来源上进行了明确的划分。内部风险指的是那些来自企业内部操作、管理和决策的潜在不确定性；而外部风险则是由外部环境、市场波动等外在因素引起的潜在风险。

这种划分为企业提供了一种清晰的框架，有助于更全面地理解和管理不同类型的风险。企业在经营活动中，往往需要面对多种多样的内部风险和外部风险，这些风险可能相互交织、相互影响。因此，深入理解每一类风险的特点和潜在影响，将有助于企业更有针对性地制定风险管理策略。

### （二）风险管理的相关概念

1. 风险管理的定义

我国在企业风险管理方面的最早指导性文件可以追溯到2006年颁布的《企业风险管理整合框架》，随后，《中央企业全面风险管理指引》等相关文件相继问世。《中央企业全面风险管理指引》全面阐述了风险管理的核心概念，即企业通过科学的管理控制手段参与经营活动中的风险应对，旨在构建全面的经营风险管理体系，以有效实现对经营风险的辨识、评估和管理控制。

2018年，财政部颁发的《管理会计应用指引第700号——风险管理》中对风险管理进行了明确定义，指企业为实现风险管理目标而进行的管理活动。这一定义强调风险管理是一个推动企业提升风险识别、评估和控制有效性的管理过程。这种管理活动旨在使企业能够更全面、系统地理解、评估和应对各类风险，以实现经营活动的可持续和稳健发展。

2. 风险识别的相关概念

（1）风险识别的定义

风险识别是指运用系统化的方法来辨别可能对企业风险管理目标产生影响的风险因素，并对风险发生的潜在原因进行深入剖析的过程。

在整个风险管理过程中，风险识别被视为首要且至关重要的环节。唯有准确地识别出潜在风险，企业才能有序地展开后续的风险管理工作。通过对已识别的风险因素进行进一步分析，包括风险产生原因和影响程度，企业可以制定相应的风险处置对策，并持续进行监测与更新，以保证处置措施的准确性和有效性。因此，风险识别是风险管理的基础和前提。

为了更加准确地进行风险识别，企业需要借助各种相关工具和方法，对其实际经营情况进行全面剖析。这包括明确风险的性质、产生原因以及风险发生后可能对企业造成的不良影响。只有通过深入地识别，企业才能更全面地了解自身面临的潜在威胁，为制定有效的风险管理策略提供有力支持。

（2）风险识别的方法

风险识别应该在经济业务全过程中有规律地渗透，这要求企业不仅需要对各类风险进行简单的分类和汇总，还应深入分析风险因素之间的相互联系。因此，为了规范地进行风险识别工作，企业需要借助科学合理的方法和工具。以下是五种常用的风险识别方法：

①头脑风暴法是一种集体讨论的方法，通过团队成员的自由发散性思维，鼓励他们提出各种可能的风险因素。该方法能够激发创造性思维，快速识别出大量潜在风险点。

②专家咨询法是利用专业领域的专家，通过专家访谈或问卷调查的方式，获取他们对于特定领域风险的看法。专家咨询法借助专业知识，有助于识别出那些可能被非专业人员忽略的风险。

③情境故事法是通过构建具体的故事情境，模拟不同的业务环境和运营情况，从而识别潜在的风险。该方法有助于理解风险如何在实际操作中产生，并使团队更容易识别和理解各类潜在风险。

④检查表法是制定针对特定业务领域的检查表，列举可能存在的各类风险因素，通过逐一检查的方式进行风险识别。该方法有助于系统性地梳理潜在风险，确保不遗漏重要因素。

⑤数据分析法是基于历史数据和统计分析，识别出可能对业务产生影响的潜在风险。这一方法能够通过对大量数据的挖掘，发现隐藏在背后的规律和趋势，帮助企业及时发现潜在风险。

以上方法各具特色，可以单独使用或结合运用，可以全面、系统地进行风险识别，从而更好地应对不确定性和潜在的经营威胁。

3. 风险评估的相关概念

（1）风险评估的定义

风险评估作为风险管理的第二阶段，是基于风险识别的结果，利用特定的工具和方法将各类风险对企业经营管理活动可能造成的冲击和影响程度进行量化评估的过程。它是在风险识别的基础上，通过一系列科学有效的调查和分析，将潜在的风险因素以数字形式进行量化，为最终选择风险管控措施提供数据支持。

风险评估的核心在于通过量化手段客观地衡量各种风险的严重性和可能性。这包括使用各种工具和技术，如概率分析、统计模型、模拟方法等，来对风险因素的概率和影响程度进行测算。通过将不确定的风险因素转化为具体的数字，企业能够更清晰地了解潜在风险的严重性，并有针对性地制定相应的风险管理策略。

风险评估的目的不仅在于量化风险，更在于为企业决策提供科学依据。通过对潜在风险的深入分析和量化评估，企业能够更准确地识别关键风险，有助于优化资源分配，制订更有效的风险管理计划，提高企业对不确定性的适应能力和抵御风险的能力。因此，风险评估在整个风险管理体系中发挥重要作用。

（2）风险评估的方法

①层次分析法是一种基于层次结构的风险评估方法。该方法通过将具有性质差异的风险因素组织成多层次结构，从而计算和排序不同风险因素的相对重要性。确定层次结构的最高层次，通常是目标层，然后逐层细分为准则和子准则，最终形成风险因素层。该方法通过对每一层次的两两比较，得到各因素的权重，进而建立权重矩阵进行计算。该方法的优势在于能够系统化地分析不同因素之间的相对重要性，为风险因素的优先级排序提供科学依据。

②模糊综合评价法是一种基于模糊理论的风险评估方法。该方法利用模糊关系合成的原理，通过计算不同风险因素的权重及其隶属度，最终得出模糊综合评价值。对每个风险因素进行隶属度函数的建模，确定各因素的模糊权重。然后，通过模糊运算，将各因素的模糊权重进行合成，得到最终的模糊评价值。该方法适用于处理信息不确定、难以精确描述的情况，有助于综合考虑多个因素对风险的影响。

③蒙特卡罗模拟是一种基于概率模型的风险评估方法。该方法通过建立概率模型，利用随机抽样技巧进行多次模拟实验，以获得风险等级的量化数值。一是确定概率分布函数，模拟风险因素的可能取值。二是使用计算机软件系统进行大量的随机模拟实验，以获取风险的概率分布情况。该方法的优势在于能够更真实地模拟复杂系统中的风险，但缺点是需要较大的计算资源和时间成本。

④风险矩阵法是一种常用的风险评估方法。该方法通过根据风险的发生概率、影响程度及综合等级，在矩阵中确定所处的区域，从而对各个风险进行排

序。一是根据历史资料和评估人员的工作经验，确定风险的发生概率和影响程度。二是根据这两个因素在风险矩阵中对应的位置，确定每个风险的综合等级。该方法简单直观，适用于初步筛选风险，但由于依赖主观判断，会影响使用的准确性，且在量化分析上相对较为粗糙。

4. 风险控制的相关概念

（1）风险控制的定义

风险管理的第三阶段是风险控制，其核心在于在进行风险评估的基础上，结合制定的风险控制策略，对已发生或经过定性与定量分析、重要性排序的不同风险提出相应的风险应对建议，以确保将这些风险控制在可接受的范围内。

在风险控制阶段，企业需要采取一系列措施来应对已经识别的风险。这包括了制订详细的风险应对计划、实施风险规避策略、建立风险转移机制，或者通过采用风险缓解措施来减少风险带来的影响。风险控制的目标是确保企业能够在经营活动中充分预防、降低或有效地处理各类风险，从而保护企业的资产、利益和声誉。

风险控制不仅是一次性的应对措施，更是一个持续的过程。企业需要定期评估已实施的风险控制措施的有效性，并根据实际情况进行调整和优化。这种持续性的风险控制过程有助于企业及时应对新出现的风险，适应不断变化的经营环境。

（2）风险控制的策略

企业可采取的风险控制策略主要包括八种，如表 1-2 所示。

**表 1-2　风险管理的策略与具体内容**

| 策略类别 | 内容 |
|---|---|
| 风险接受 | 指企业接受并承担风险造成的伤害性后果 |
| 风险规避 | 指企业以中止、退出风险范围的方式回避风险 |
| 风险转移 | 指企业以合同的方式将风险移除到其他方 |
| 风险分担 | 指受托人和受益人共担风险，是企业寻求信托企业管理资产以达成共同承受风险的目的 |
| 风险转换 | 指企业将其面对的某种风险转化为其他风险的过程，通常情况下，企业总风险并不会因转移行为而直接消减 |
| 风险对冲 | 指企业通过引用与某种风险的载体呈负相关的另一种，从而达到抵消风险伤害的目的 |
| 风险补偿 | 指企业为弥补风险带来的损失而提前采取相应的人力、财务、物资补偿等措施 |
| 风险降低 | 指企业通过控制可控风险产生的原因、条件等因素，从而达到降低风险发生概率或减少风险影响的目的 |

## 二、金融风险概念

### （一）金融风险的定义

1. 金融风险的广义定义

从广义角度来说，金融风险指的是在进行金融活动时，由于不确定的市场变化、不可预测的经济因素或操作失误等原因，导致的投资损失。这一定义准确定位了金融风险的本质，强调了金融活动中存在的不确定性，同时凸显了金融决策所面临的潜在经济风险。

2. 金融风险的狭义定义

从狭义角度来说，金融风险是指在投资和金融交易中，由于市场波动、不确定的经济环境和操作不当等因素，导致投资方面或整个金融体系遭受损失。这一定义更加具体地强调了金融决策与市场环境、经济变化之间的关联，突出了风险可能导致的实质性损失。

### （二）金融风险的多样性

1. 市场风险的复杂性

市场风险是金融风险中的一个重要方面，它指金融产品或资产在市场价格方面的波动等因素导致的潜在损失。市场风险具有复杂性，因为它受宏观经济状况、政治事件、自然灾害等因素影响，这使市场风险成为金融领域中难以完全预测和控制。

2. 信用风险的关键性

信用风险是金融风险中的另一个重要方面，它涉及债务方无法履行合约或发生违约，从而导致金融机构或投资者面临的潜在损失。信用风险的关键性在于它直接关系到金融交易的可靠性和合同的执行，要求金融从业者采取有效措施进行风险评估和管理。

3. 操作风险的内在挑战

操作风险涉及金融机构内部的操作失误、技术故障或人为疏漏可能带来的潜在损失。在金融业务中，操作风险与机构内部的管理、流程和技术密切相关，要求金融从业者建立健全的内部控制体系，以减少操作风险带来的影响。

### （三）金融风险的本质

1. 不确定性的核心

金融风险的本质在于不确定性，即在金融决策中难以准确预测未来事件的发生和影响。这一不确定性使得金融从业者需要面对各种可能的情景，从而提高了金融决策的难度和风险管理的复杂性。

2. 复杂市场环境下的应对挑战

金融市场的复杂性和动态性使得金融风险表现得尤为突出。不同类型的金融风险在其本质上有共同之处，即涉及未来可能发生的不确定事件，这为金融机构和投资者带来了挑战和机遇。理解金融风险的本质是深入研究和解决金融领域问题的基础。

## 三、金融风险分类

金融风险根据其来源和性质的不同，可以划分为多个子类型，每一种类型都有其独有的特征和影响因素。

### （一）市场风险

1. 市场风险的定义

（1）市场风险的定义

市场风险是金融领域中的一种风险类型，其本质在于由于金融市场价格波动、利率波动等因素引起的投资损失的可能性。这一定义凸显了市场风险与金融市场的波动性直接相关，涉及投资者可能面临的潜在经济损失。

（2）市场风险的要素解析

市场风险的要素包括金融市场中的股票价格波动、利率波动以及外汇波动等。这些要素反映了市场风险的多元性，彰显了市场风险是一个综合性概念，不仅受到股票市场的影响，还受到利率和外汇等多种因素的影响。

2. 市场风险的分类

（1）股票市场风险

股票市场风险主要表现为股价波动，受到宏观经济、公司业绩等多方面因素的影响。这种不确定性使得投资者在股票市场中面临损失风险。宏观经济的宏观变化，如通货膨胀率、失业率等，以及公司层面的业绩表现都会导致股票价格的波动，从而带来市场风险。股票市场风险的分类需要考虑公司治理结构、市场流动性、投资者情绪等因素。这些因素对股票市场的不确定性产生直接或间接影响，进而影响投资者的决策行为。

（2）利率风险

利率风险指的是利率波动对债券价格产生的影响。债券价格与市场利率呈负相关关系，当市场利率上升时，债券价格下降，反之亦然。因此，投资者和金融机构在持有债券时可能面临损失。利率风险的管理涉及对债券组合的调整，以适应不同市场利率环境。通过使用对冲工具，如利率期货合约，投资者可以减小利率波动对投资组合的不利影响，提高对市场风险的抵抗力。

### （二）信用风险

1. 信用风险的定义

信用风险是指在金融交易中，由于交易对手无法按照合约履行义务，导致投资损失的概率。这一定义强调了信用风险与金融交易中交易对手之间的合约履行直接相关，而不同交易对手的信用状况会对投资者的损失产生潜在影响。信用风险的要素包括交易对手的信用状况、合约的约定条件以及市场环境等。这些要素相互交织，共同构成了信用风险的综合性概念。了解信用风险的要素有助于投资者更好地评估和管理潜在的投资损失。

2. 信用风险的分类

（1）个体信用风险

个体信用风险涉及具体交易对手的信用状况，其中包括企业信用风险和个人信用风险。企业信用风险指的是企业在金融交易中无法按照合约履行义务，导致投资者面临潜在损失的概率。这一风险类别需要考虑企业的财务状况、经营绩效以及行业竞争等因素。个人信用风险涉及个人在金融交易中无法按照合约履行义务的可能性，通常与消费者信贷、个人贷款等相关。个人信用风险的评估需要考虑个人的收入、信用历史、还款记录等因素。

（2）集体信用风险

集体信用风险涉及整个市场或行业的信用状况，其中市场信用风险是一个重要方面。市场信用风险通常由宏观经济因素、行业竞争、政策变化等因素引发，从而导致整个市场范围内的信用不确定性。系统性风险是集体信用风险中的一个子类，指的是整个金融系统面临的信用风险。例如，金融危机引发的系统性风险影响广泛，涉及多个金融机构和市场参与者。对于系统性风险的防范和管理是金融稳定运行的关键之一。

### （三）操作风险

1. 操作风险的定义

（1）操作风险的广义定义

操作风险是由于内部流程、人为失误、系统故障等原因引发的金融损失的可能性。这一广义定义强调了操作风险的多元性，它源自金融机构内部的各种操作活动，包括但不限于员工行为、内部流程和信息系统。

（2）操作风险的内涵分析

操作风险的内涵包括对内部过程、人为失误和系统故障等方面的深入分析。了解操作风险的内涵有助于投资者更全面地认识操作风险的潜在来源，从而更有效地管理。

2.操作风险的分类

（1）人为操作风险

人为操作风险的一个重要方面是员工失误，指的是在金融机构内部，由于员工在执行任务过程中的错误行为可能导致的损失。员工失误涉及交易执行、结算、报告等方面。另外，人为操作风险还包括欺诈行为，即金融机构内部的恶意行为，如虚报、操纵账目等，从而导致金融损失。

（2）系统操作风险

系统操作风险涉及信息技术系统的故障，这包括硬件故障、软件错误等，直接影响金融机构的业务流程。此外，系统操作风险还包括网络攻击，如黑客入侵、恶意软件攻击等，从而导致交易中断、数据泄露等严重后果。

### （四）流动性风险

1.流动性风险的定义

流动性风险是指金融机构或投资者在需要大量现金时，由于市场无法提供足够流动性而导致的损失的可能性。这一风险源自资产无法迅速变现，造成资金缺口，从而导致损失。流动性风险的本质在于市场无法满足投资者或机构在短时间内变现资产的需求，从而导致资金流动受限，损害投资者或机构的利益。

2.流动性风险的分类

（1）资产流动性风险

资产流动性风险涉及投资组合中资产的流动性问题。当市场不活跃或者特定资产的交易受到限制时，则导致投资者无法迅速变现，从而产生资产流动性风险。这种风险通常与市场因素、资产特性以及宏观经济环境等因素息息相关。

（2）资金流动性风险

资金流动性风险涉及机构自身面临的资金缺口问题。当机构在资金管理方面面临困难，融资难度增加时，则导致财务风险和损失。这种风险通常与机构的经营状况、债务结构以及市场融资能力等因素密切相关。

## 第二节　金融风险管理的重要性

### 一、金融风险管理的原因

金融风险管理的必要性在于金融活动中普遍存在的不确定性和潜在风险。

#### （一）金融市场的复杂性和市场价格波动

首先，金融市场的复杂性和多因素影响。金融市场的运作涉及众多因素，其中包括政治因素、宏观经济、公司业绩等。这些因素构成了金融市场复杂性的基础。宏观经济如通货膨胀率、利率水平等因素直接影响市场的整体表现。公司业绩则反映了企业的盈利能力，对股票市场等产生的影响。政治因素如选举、政策调整等也常常成为市场波动的重要原因。

这种多因素的交织使得金融市场的走势难以准确预测。投资者需要综合考虑各种因素，以制定相应的投资策略。市场的不确定性正是金融市场复杂性的一种显著体现，投资者需要时刻关注并适应市场的动态。

其次，全球化背景下的国际金融市场，随着全球化的发展，国际金融市场的相互联系更为紧密。国际因素如国际贸易、全球政治事件等也对市场价格产生直接而深远的影响。例如，一国的经济政策变动对其他国家的金融市场产生溢出效应，加大市场波动性。

投资者需要更加全面地了解全球金融市场的动态，及时获取并分析国际信息，以更准确地把握市场的发展趋势。国际化的金融市场使得投资决策不再仅受国内因素制约，而是需要综合考虑国际因素以提高投资决策的全局性。

再次，投资者面临的挑战与应对策略。当面对复杂多变的金融市场时，投资者需要具备较强的分析和判断能力。一是建立系统的信息收集和分析体系，包括对宏观经济、公司业绩、政治动向等的全面监控。二是制定灵活的投资策略，能够根据市场变化及时调整投资仓位和投资方向。投资者还应当具备应急处理能力，能够在市场波动时迅速作出决策，防范潜在风险。

最后，金融市场波动的监测与应对。当面对市场价格波动时，投资者需要建立强大的风险监测系统。这包括制定市场波动的监测指标、建立风险预警机制等。及时获取市场信息，了解市场情绪，能够更好地规避潜在的风险。此外，适度的分散投资、选择强势行业和公司等也是投资者应对市场波动的有效手段。

通过深入了解金融市场的复杂性、多因素影响，以及全球化背景下的国际金融市场，投资者能够更全面、更深入地理解市场运行规律，提高应对市场波动的能力。

### （二）全球经济环境的不断变化和不可预测性

1. 全球经济环境的不断变化

全球经济环境的动荡和不断变化是金融市场面临的首要挑战。经济周期的波动是不可避免的，周期性的衰退和复苏直接影响企业盈利和投资者信心。国际贸易关系的不断演变也在全球经济中扮演着重要角色，贸易摩擦、关税政策的调整都会对各国经济产生深远影响。地缘政治事件，更是时刻威胁着全球经济的稳定。这些变化因素的复杂性使得金融市场的投资环境变得不可预测，投资者需要时刻关注和分析全球经济动向。

2. 不可预测性对金融市场的冲击

全球经济环境的不可预测性使得金融市场在很大程度上充满了不确定性。投资者难以提前预知经济环境的具体走向，从而难以调整投资组合以适应变化。不可预测性也使得金融机构在制定长期战略时面临更大的挑战，因为它们需要考虑各种可能的经济走势。这也加大了投资决策的风险，需要更加谨慎和审慎地制订投资计划。

3. 全球经济环境的不断变化和不可预测性的应对

为了有效应对全球经济环境的变化和不可预测性，投资者需要制定灵活的投资战略。这包括根据经济周期的阶段性变化调整资产配置，以及密切关注国际贸易政策的调整，及时调整投资组合。此外，投资者还需要运用各种衍生工具，如期权和期货，进行对冲和风险管理，以降低全球经济环境变化对投资组合的负面影响。

金融机构还需要建立更为完善的宏观经济风险管理机制。这包括建立科学的风险评估模型，实施多层次的风险监测和报告体系，以及建立应急预案，提高机构对宏观经济波动的适应能力。通过这些机制的建立，金融机构可以更有效地规避宏观经济风险，降低潜在损失。

全球经济环境的不断变化和不可预测性给金融市场带来了诸多挑战。投资者和金融机构需要通过灵活的投资战略和有效的风险管理机制，应对不断变化的宏观经济环境，降低潜在的风险带来的负面影响。

### （三）内部因素导致的操作失误和技术故障

1. 内部因素导致的操作失误

内部因素中的操作失误是金融机构和投资者面临的重要风险之一。这涉及员工在交易执行、结算和清算等方面的错误决策，导致交易失败或者不符合法规要求。操作失误来自信息不对称、工作疏漏、系统故障等多方面原因。对于金融机构而言，由于其规模庞大、业务繁杂，操作失误的风险尤为突出。

2. 技术故障对金融活动的潜在威胁

技术故障是内部风险中的另一大类，涉及信息技术系统的故障、网络攻击等。这包括硬件故障、软件错误等，直接影响金融机构的业务流程。随着金融活动日益数字化，依赖于复杂的信息技术系统，技术故障带来的风险也相应增加。例如，系统中的漏洞被黑客利用，导致数据泄露或资金损失。技术故障还可能引发交易中断，对金融市场的稳定性产生不利影响。

3. 应对操作失误和技术故障的方法

（1）加强对内部流程和员工培训的监管和规范

为有效管理内部因素导致的风险，金融机构首先需要加强对内部流程的监管和规范。这包括确保交易执行、结算和清算等流程的透明性和规范性。建立健全的内部审计机制，定期对内部流程进行审查和评估，及时发现和纠正潜在的问题。同时，员工培训也是关键的一环。员工的业务水平和风险意识增强，能使其更加熟练地应对各类交易和操作，减少由于操作失误导致的风险。培训应包括法规合规意识、风险管理技能等方面，确保员工在高度复杂的金融环境中能够胜任各项工作。

（2）引入先进的技术手段和建立健全的内部控制系统

为规避操作失误和技术故障带来的风险，金融机构需要引入先进的技术手段。这包括采用智能化的交易系统、实时监测系统等，以提高业务处理的效率和准确性。建立健全的内部控制系统，通过内部审计和风险评估，加强对技术系统的监控和维护，及时发现和排除潜在的系统故障。加强对内部流程和员工培训的监管和规范、引入先进的技术手段、建立健全的内部控制系统，这些措施共同构成了有效管理内部因素导致的操作失误和技术故障的综合策略。这不仅有助于预防风险的发生，还能提高金融活动的整体稳定性。

通过全面了解金融市场的复杂性、全球经济的变化以及内部因素的潜在风险，金融机构和投资者可以更好地制定风险管理策略，提高对不确定性的应对能力，最大限度地降低风险。

## 二、金融风险管理的目标与原则

### （一）金融风险管理的目标

1. 降低潜在损失

金融风险管理的核心目标是降低风险。在金融活动中，由于市场波动、经济变化或操作失误等原因导致的损失是无法完全避免的。通过有效的风险管理，金融机构和投资者能够识别并量化潜在风险，采取相应的控制和应对措施，降低损失的可能性。这一目标旨在保护资金，确保金融活动的稳健进行。

2. 提高盈利能力

金融风险管理不仅是为了规避风险，同时也追求提高盈利能力。通过科学的风险评估和管理，金融机构和投资者能够更好地把握市场机会，灵活调整投资组合，实现可控盈利。有效的风险管理可以帮助机构更好地理解和利用市场波动，从而增强盈利的可持续性。

3. 保护投资者权益

金融市场的健康发展离不开投资者的信任和参与。金融风险管理的目标之一是保护投资者权益。通过建立透明、公正的风险管理机制，投资者能够更好地了解潜在的风险和回报，做出明智的投资决策。这有助于维护金融市场的信誉，吸引更多投资者参与市场活动。

4. 维护金融体系的稳定

金融风险管理的最终目标是维护整个金融体系的稳定。金融机构的稳健经营和投资者的合理预期是金融体系稳定的基石。通过降低风险、提高盈利能力和保护投资者权益，金融风险管理有助于保持金融市场的稳定运行，防范系统性风险，确保金融体系能够适应各种外部和内部挑战。

### （二）金融风险管理的原则

1. 全面性

金融风险管理应当是全面的，涵盖各类风险，包括但不限于市场风险、信用风险、操作风险、流动性风险等。只有全面了解和评估各种潜在风险，才能采取相应的综合性措施，有效应对复杂多变的金融环境。

2. 系统性

金融风险管理需要形成完善的系统。这要求各项管理措施有机衔接，形成整体防范体系。系统性管理有助于提高管理效率，规避风险管理盲区，确保在多方面、多层次的风险中保持整体稳定。

3.科学性

金融风险管理的决策和措施应基于科学的方法和工具。这包括利用数据分析、建立风险模型、采用科学的评估手段等。科学性要求管理人员在制定策略和应对措施时充分借助科技手段，以提高管理的准确性和可操作性。

4.灵活性

金融风险管理的原则之一是灵活性。市场环境、经济条件和各类风险都可能发生变化，因此，管理策略需要具有灵活性，能够根据实际情况迅速调整。灵活性要求管理者具备较强的适应性和应变能力，及时调整投资组合和风险管理策略，以更好地适应金融市场的动态变化。

## 第三节　金融市场中的风险挑战与应对策略

### 一、金融市场风险概况

金融市场风险涵盖了多个方面，主要源于市场价格波动、宏观经济环境变化、政策调整等多种因素。以下是金融市场中常见的风险。

#### （一）股票市场风险

1.股票价格波动的不确定性

股票市场风险在金融市场中占据主导地位，其核心表现为股价的波动。股价波动受到多方面因素的综合影响，其中包括宏观经济状况、公司业绩、行业竞争等。投资者在股票市场中面临市场价格波动的风险，需要综合考虑各种因素，以更好地理解市场动态，从而有效降低投资风险。

（1）宏观经济波动对股价的影响

宏观经济因素如通货膨胀、失业率和国内生产总值（GDP）的波动对股票市场产生重要影响。经济增长、放缓或衰退都会影响企业利润，从而影响企业股票的价格。

（2）公司管理层决策的影响

公司的经营决策和管理层的质量直接关系到股票价格。不良决策、制度问题或财务问题都会导致投资者对公司的信心下降，进而引发股价的大幅波动。

2.对股票市场风险的综合管理

首先，分散投资组合。在股票市场风险管理中，分散投资组合是一项基本且有效的策略。通过将投资分散到不同的股票、行业和地区，投资者可以降低单一股票或行业的风险，提高整体投资组合的韧性。这样的分散策略有助于应对特定行业或公司面临的不确定性，减缓市场波动对投资组合的冲击。为了实施分散投资，投资者需要充分了解不同行业的运行情况，挖掘具有潜力的个股，从而在不同领域获取更好的回报。

其次，定期调整持仓比例。定期调整持仓比例是另一项重要的风险管理措施。由于市场条件、宏观经济状况和公司基本面等因素的不断变化，定期评估和调整投资组合的持仓比例是必要的。投资者可以定期检查投资组合中各个资产的表现，根据市场情况调整不同资产的权重。这样可以使投资者更加灵活地应对市场波动，及时削减风险较高的资产，增加相对低风险资产的投资比例，以达到整体风险控制的目的。

再次，深入了解行业和公司情况。深入了解不同行业和公司的情况是综合管理股票市场风险的重要步骤。投资者需要通过详细、深入的研究，了解各行业的市场趋势、竞争格局以及公司的盈利能力和风险披露。这有助于投资者更准确地评估各个投资标的的风险水平，选择符合自身风险偏好的资产。在这一过程中，利用各种研究工具和数据分析方法，使投资决策更科学、更理性。

最后，灵活运用衍生品工具。在综合管理股票市场风险时，投资者还可以灵活运用衍生品工具，如期权和期货。期权等衍生品工具可以用于对冲特定股票或整体投资组合的下行风险，提供一定的保护机制。然而，投资者在使用衍生品时需要谨慎，确保充分了解这些工具的特性和风险，以避免潜在的损失。

### （二）利率风险

利率风险是金融市场中另一重要的风险类型，直接关系到债券市场。利率的波动会导致债券价格的变动，从而影响投资者和金融机构的利息收入和资产价值。由于市场利率的不断变化，投资者需要认真评估和管理这一风险。

1. 利率风险的普遍性和波动性

①利率风险的普遍性。利率风险是金融领域中一种普遍存在的风险，涉及市场上利率水平的波动对金融机构和投资者的财务状况产生重大影响。不同类型的金融工具，如债券、贷款等，其交易价格和价值都会受到利率变动的直接影响。由于货币政策、经济状况等因素的变化，市场利率常常面临波动，使利率风险成为金融市场中不可忽视的一部分。

②利率波动对资产配置的影响。利率波动对金融机构和投资者的资产配置产生深远影响。在利率上升的环境下，债券价格下跌，导致债券投资的资产贬值，

但对于固定利率的债务而言，其利息支出增加，影响负债端的成本。相反，在利率下降的情况下，债券价格上升，带来资产端的盈利机会，但对于持有短期定期存款等产品的金融机构而言，利差受到挑战。

③通货膨胀水平的波动。通货膨胀水平的波动是引发利率波动的重要因素之一。通货膨胀上升导致中央银行采取紧缩的货币政策，提高基准利率以控制通货膨胀。这种紧缩的货币政策直接影响市场上的利率水平，对金融机构和投资者的资产和负债配置造成直接影响。

④国际利率走势的影响。国际利率走势对本国利率水平也有重要影响。由于全球金融市场的相互联系，国际利率波动通过汇率、跨国资本流动等途径传导到本国市场。金融机构和投资者需要密切关注国际利率走势，调整其资产配置和负债管理策略，以适应国际利率环境的变化。

2. 利率风险的全面评估和有效管理

（1）利率风险的全面评估

要全面评估利率风险，金融机构和投资者首先需要深入了解导致利率波动的各种因素。这包括宏观经济指标、通货膨胀水平、货币政策走向以及全球经济状况等。通过对这些因素的分析，金融机构投资者可以更准确地预测未来利率的可能走势，从而为利率风险的管理提供科学依据。

（2）利率风险的有效管理

①利用利率衍生品进行风险管理。金融市场上存在多种利率衍生品，如利率互换、期货合约等，可以用于对冲利率风险。通过使用这些工具，金融机构和投资者可以灵活地调整其资产和负债结构，实现对冲或套期保值，降低利率波动带来的潜在损失。然而，在使用利率衍生品时，金融机构和投资者也需要谨慎评估市场条件和对手方风险，以确保有效的风险管理。

②调整投资组合期限结构。投资组合期限结构的调整是另一种有效的利率风险管理手段。在不同期限的债券和金融工具之间分散投资，可以降低因利率变动导致的整体投资组合价值波动。金融机构和投资者选择不同到期日的资产，可以使投资组合在不同利率环境下都具有相对稳定的收益特征，提高资产负债匹配水平。

③提高资产负债匹配的水平。资产负债匹配是指将资产和负债的到期和付息特征相互匹配，从而降低利率变动对金融机构和投资者的冲击。通过更加精细化地进行资产负债匹配，可以实现在不同利率环境下更好地保持资本的稳健性。这需要通过建立完善的风险管理团队、使用先进的风险模型等手段，确保资产负债

匹配策略的执行效果。

### （三）外汇波动

外汇市场的波动性是金融市场中涉及国际交易的重要风险之一。外汇市场的波动导致汇率的大幅波动，从而对跨国投资者和企业的资产价值产生深远影响。外汇市场的波动性受到多种因素的影响，需要全面评估和有效管理。

1. 影响外汇市场的因素

（1）国际贸易对外汇市场的影响

国际贸易与外汇市场密切相关，因为贸易涉及多种货币和国家之间的交往。当一个国家出口商品或服务比进口更多时，它通常会收到其他国家的货币，形成贸易顺差；相反，如果一个国家进口较多，就会形成贸易逆差。这种贸易差异直接影响外汇市场，因为货币的供求关系将在市场上发生变化。贸易顺差意味着一国的货币需求增加，导致该国货币升值。相反，贸易逆差导致货币贬值。这种变化影响进出口企业的盈利状况，因为货币价值的波动使得他们在跨国贸易中面临风险。因此，企业需要关注国际贸易数据，以预测货币市场的可能变化，采取相应的风险管理措施。

（2）政治因素对外汇市场的影响

政治因素也是导致外汇市场波动的重要原因。国际贸易政策的变化、国际关系紧张、贸易协定的签署或废除等都会对外汇市场产生直接或间接的影响。企业需要密切关注全球政治动向，了解可能对贸易体系和货币市场产生影响的事件，以调整其外汇风险管理策略。

（3）全球经济形势对外汇市场的挑战

全球经济形势的变化也是外汇市场波动的重要因素。全球性的经济衰退或增长，都会导致汇率的大幅波动。企业需要综合考虑全球宏观经济状况，以便更好地预测未来的外汇市场走势，并采取相应的风险管理措施。

2. 外汇波动的管理

（1）全球经济格局对外汇波动的管理

全球经济格局的变化直接影响外汇市场，因此，跨国企业在管理外汇波动时需要密切关注国际经济形势。一是企业可以通过深入了解主要贸易伙伴国的经济状况，评估全球经济趋势，来预测主要货币走势。二是对于全球性的宏观经济风险，企业需要建立敏感度分析模型，以量化外汇波动对企业财务状况的潜在影响。

（2）国际政治形势对外汇波动的管理

国际政治形势的不稳定性会引发外汇市场的波动。企业在外汇波动管理中需要及时获取国际政治动向，了解可能对货币市场产生影响的事件。一是企业可以通过设立专业的政治风险管理团队，定期评估全球热点问题对汇率的潜在影响。二是与政府机构、国际组织等建立合作关系，获取政治信息，提前预判可能的外汇波动，制定相应的风险管理策略。

（3）货币多元化对外汇波动的应对

跨国企业可以通过货币多元化来降低对单一货币的依赖，减缓外汇波动对企业的冲击。一是企业可以选择将资金分散用多种货币存储，降低由于某一货币贬值而导致的财务损失。二是建立弹性的财务策略，通过合理的财务规划和资产配置，降低外汇波动对企业盈利的影响。

（4）使用外汇期货等工具进行风险管理

外汇期货等金融衍生品是企业进行外汇波动风险管理的有效工具。一是企业可以使用远期合同锁定未来的汇率，保证在未来的贸易中能够以确定的汇率交易。二是通过期权合同等金融工具，企业可以在一定成本内获取对冲风险的灵活性，根据市场变化及时调整对冲策略。

## 二、金融市场风险挑战与风险应对策略

金融市场中的风险挑战需要通过有效的对策策略来规避和化解，以确保金融机构和个人投资者在风险中保持相对稳定的经营状态。

### （一）建立健全的风险管理框架

1.全面了解市场风险的来源和特点

（1）股票市场的风险源

研究股票市场的风险源包括宏观经济因素、行业竞争和公司管理层决策等方面，通过分析历史数据和趋势，可以更准确地评估未来市场波动的潜在影响。

（2）利率市场的风险源

利率市场的风险源包括货币政策、通货膨胀预期和国际利率走势。建立模型以评估这些因素对债券价格的潜在影响，有助于制定更为准确的利率风险管理策略。

（3）外汇市场的风险源

外汇市场的风险源涉及国际贸易、政治因素和全球经济状况。深入研究这些因素，特别是对外汇市场的微观和宏观因素进行分析，能够更好地理解外汇波动

的机制，从而有针对性地制定风险管理措施。

2. 建立科学的风险识别和评估体系

（1）风险识别的关键指标

制定科学的风险识别体系需要明确定义关键的风险指标。对于股票市场，可考虑使用波动率、市盈率等指标。在利率市场中，关注债券的久期和敏感性等指标。而在外汇市场，可以关注货币的波动幅度和相关性。

（2）风险评估模型的建立

建立基于历史数据和概率模型的风险评估模型是关键的一步。利用统计学和数学工具，可以对不同市场的风险进行量化分析。考虑到市场的动态性，本文建议使用风险敞口模型，以更准确地反映投资组合在不同市场条件下的表现。

### （二）制定灵活的风险管理策略

1. 分散投资的策略

在股票市场，分散投资是降低特定股票风险的有效手段。通过广泛配置不同行业、不同市值和地区的股票，可以降低个别事件对投资组合的冲击。

2. 制订风险管理计划

为不同市场和经济环境制订灵活的风险管理计划至关重要。在不同的市场条件下，需要调整投资组合的权重，采取主动的管理策略来适应市场的变化。

3. 加强市场监测

定期监测市场的变化是制定灵活风险管理策略的基础。利用先进的数据分析技术和监控工具，及时获取市场信息，帮助投资者迅速做出决策，应对市场波动。

# 第二章　金融风险的测量与评估

## 第一节　金融风险度量方法与模型

### 一、量化金融风险的方法

#### （一）历史模拟法

1. 历史模拟法概述

（1）历史模拟法的方法原理

历史模拟法是一种基于历史市场数据的风险度量方法。其核心思想是通过观察过去市场的波动情况，以推测未来市场可能的变化。这一方法需要用到多个维度的数据，主要包括市场价格、波动率等指标。通过对这些数据进行深入分析，历史模拟法能够构建对市场行为的理解，并在一定程度上预测未来可能的市场情景。历史模拟法的实施过程包括对历史数据的重复采样，以构建多个可能的市场情境。通过随机选择过去某一时间段的数据，可以模拟不同的市场波动情况。该方法使得历史模拟法能够考虑到市场波动的多样性，更全面地评估投资组合在不同市场情境下的表现。

（2）历史模拟法的优势

历史模拟法的优势之一在于其能够充分利用真实市场数据，且能够更好地捕捉市场行为的真实面貌。这使投资者对市场历史行为有准确把握，有助于更准确地度量风险。相对于一些复杂的风险度量方法，历史模拟法的实施相对简单易行。该方法不需要过多的模型假设，避免了模型选择和参数设定的复杂性。由于不涉及复杂的数学计算，历史模拟法更容易理解和解释，适用于不同层次的投资者。

（3）历史模拟法的局限性

历史模拟法的局限性主要体现在其无法应对未来可能发生的结构性变化。该方法主要基于历史数据的假设，对于市场结构发生较大变化的情况预测能力较弱。这使在面对市场结构性调整时，历史模拟法的应用受到一定的限制。而且，在历史数据中极端事件的发生频率相对较低，因此历史模拟法对极端事件的处理相对不足。模型主要依赖于已有的历史数据，如果这些数据中缺乏涵盖极端情况的样本，历史模拟法对于投资组合在极端市场情况下的表现预测则存在偏差。历史模拟法在处理非线性关系方面相对较弱。当市场因素之间存在复杂的非线性关系时，历史模拟法无法充分捕捉这些关系，导致模型在风险度量上的不准确性。这使得历史模拟法在一些复杂的市场环境下的适用性受到限制。

历史模拟法作为一种简单直观的风险度量方法，在一定的应用范围内具有其独特的优势。然而，投资者在选择使用历史模拟法时应当充分认识到其局限性，特别是在面对未来可能的结构性变化和极端市场事件时。为了更全面、准确地评估投资组合的风险，投资者需要结合其他风险度量方法，并在实践中不断优化和调整模型。

2. 历史模拟法的实际应用

（1）数据采集与预处理

历史模拟法的第一步是收集并预处理历史市场数据。这包括选取适当的时间段，获取相关资产的价格、波动率等数据。同时，对数据进行清洗和调整，以确保数据的准确性和一致性。

（2）模拟过程与重复采样

在历史模拟法中，投资者通常选择一个特定的时间窗口，通过随机重复抽取该时间窗口内的历史数据，构建多个可能的市场情境。这种重复采样的方法能够模拟市场的不确定性和多样性，提高模型的稳健性。

（3）风险度量与结果解释

通过模拟产生的多个情境，投资者可以计算投资组合在不同情境下的表现，通常使用风险度量指标如风险价值（VaR）或条件风险价值（CVaR）。结果可以以概率分布的形式呈现，帮助投资者更好地理解投资组合的风险水平。

### （二）蒙特卡罗模拟法

1. 蒙特卡罗模拟法概述

蒙特卡罗模拟法是一种基于概率统计的数值计算方法，通过随机生成大量可能的市场情境，以获得对投资组合未来价值和风险的估计。该方法基于随机变量的模拟，可以灵活处理不确定性和复杂性，从而提供更全面的风险评估。在使用蒙特卡罗模拟法时，需要合理设定模型参数，包括对市场波动性、资产收益率等方面的假设。此外，由于模拟过程中需要生成大量随机数，需要足够的计算资源来支持模拟的精度和效率。

2. 蒙特卡罗模拟法的实际应用

首先，选择适当的随机过程模型。在蒙特卡罗模拟法的实际应用中，首要任务是选择适当的随机过程模型。几何布朗运动是其中常用的一种模型，特别适用于描述金融资产的价格变化。该模型考虑到资产价格的连续性和随机性，能够有效地模拟市场中的波动。然而，对于不同类型的资产或不同市场环境，投资者需要根据实际情况选择更精确的模型，如跳跃——扩散模型或随机波动率模型。

其次，合理设定模型参数。模型参数的设定对蒙特卡罗模拟结果产生重要影响。其中，波动率是一个关键参数，直接影响资产价格的波动程度。投资者可以通过历史波动率、期权市场价格等途径进行估计。此外，利率、股息率等其他参数的设定也需要充分考虑市场的实际情况。

再次，模拟路径的生成。选定随机过程模型并设定参数后，蒙特卡罗模拟法通过生成多条可能的随机路径来模拟资产价格的变化。这些路径代表了不同市场情境下的资产价格走势。模拟次数的选择是一个关键问题，通常需要进行敏感性分析来确定适当的模拟次数。模拟次数的增加可以提高模拟的准确性，但也意味着更多的计算成本。

最后，风险分析与管理。通过蒙特卡罗模拟法生成的多条路径，投资者可以计算每条路径上的投资组合价值，并得到投资组合的概率分布。这有助于投资者更全面地了解投资组合的风险水平。进一步的分析包括计算风险值或条件风险值，以量化潜在的损失。基于这些风险指标，投资者可以制定相应的风险管理策略，调整投资组合结构，以降低风险。

在实际应用中，蒙特卡罗模拟法为投资者提供了一种灵活而强大的工具，能够更全面地评估投资组合的风险暴露。然而，投资者在应用中需谨慎选择模型和设定参数，同时注意计算成本与模拟效率的平衡。

## 二、金融风险定价模型概述

### （一）市场风险定价模型

1. 资本资产定价模型（CAPM）

（1）模型原理

资本资产定价模型（CAPM）是建立在多个核心假设基础上的一种市场风险模型。

CAPM 的核心假设之一是所有投资者都是风险规避的。这意味着投资者在做出投资决策时，倾向于选择最小化风险的资产组合。这一假设反映了投资者对风险的态度，为 CAPM 提供了一个理论基础。

CAPM 的第二个核心假设是投资者在资本市场中只持有风险资产和无风险资产。这一假设构建了 CAPM 模型的资产配置结构，其中投资者在不同风险水平的资产中进行选择。无风险资产通常被认为是国库券或其他类似的低风险资产，而风险资产包括市场上的股票等。

CAPM 的第三个核心假设是市场风险可以通过标准差（波动率）来度量。这一假设使得 CAPM 能够通过数学工具对市场风险进行定量化，使投资者能够更准确地衡量他们所承担的风险水平。标准差作为度量市场风险的指标，为 CAPM 提供了一个衡量风险的客观标准。

基于上述核心假设，CAPM 的模型原理可以总结为：投资者的预期回报与风险成正比，其中风险通过资产的贝塔系数来度量。具体而言，CAPM 的数学表达式为：

$$E(R_i)=R_f+\beta_i[E(R_m)-R_f] \qquad (2\text{-}1)$$

其中，$E(R_i)$ 是资产 $i$ 的预期收益，$R_f$ 是无风险利率，$\beta_i$ 是资产 $i$ 的贝塔系数，$E(R_m)$ 是市场整体的预期收益。

CAPM 模型通过分析市场整体和个体资产之间的关系，提供了一种估算资产预期回报和风险的方法。这一模型在金融学领域中被广泛运用，尽管在实际应用中也发生了一些争议，受到了一定挑战。

（2）优势与局限

① CAPM 的优势。

第一，CAPM 的模型结构相对简单，使其容易被理解和应用。这一特点使得投资者和金融专业人士能够迅速掌握 CAPM 的基本原理，应用于实际投资决策更便利。简单的结构也有助于模型的计算和实施，提高了其实用性。

第二，CAPM 为投资者提供了资产预期收益和风险之间的关系，通过贝塔系数的引入，投资者可以更好地理解资产相对于整个市场的风险敞口。这使投资者能够更明智地构建投资组合，平衡风险和收益，从而优化资产配置。

② CAPM 的局限性。

第一，CAPM 的核心假设之一是所有投资者都是风险规避的，这一假设与实际市场中存在的不同风险偏好和投资目标相悖。投资者的实际行为更复杂，因此，CAPM 的理想化假设在某些情况下导致对实际市场情况的过度简化。

第二，CAPM 主要关注系统性风险，即整个市场的波动性。然而，在实际投资中，非系统性风险（特定公司或行业的风险）同样重要，而 CAPM 对于非系统性风险的处理相对较弱。这导致在实际应用中忽视了一些重要的风险因素。

第三，CAPM 的参数估计通常基于历史数据，而在市场环境变化较快的情况下，历史数据不再具有有效性。这使得 CAPM 在应对快速变化的市场条件时失去准确性，限制了其在某些情境下的适用性。

CAPM 作为一种经典的金融模型，虽然在一定程度上为投资决策提供了理论依据，但其理论基础的简化和对实际市场的理想化假设也使得它在一些情境下的应用存在一定的局限性。投资者在使用 CAPM 时需要理解这些优势和局限性，并结合实际情况进行谨慎分析。

2. 因子模型

（1）因子模型的基本原理

因子模型基于一个关键思想，即投资组合的收益不仅受到市场整体的影响，还受到其他一系列因素的共同作用。这些因素包括宏观经济指标（如 GDP、通货膨胀率）、行业因素（如科技、金融）、利率水平等。通过引入这些因子，因子模型可以更全面地考虑市场风险的来源，相对于 CAPM 等传统模型更加灵活。

一般而言，因子模型的基本公式可以表示为：

$$R_i = \alpha_i + \beta_{i_1} F_1 + \beta_{i_2} F_2 + \cdots + \beta_{i_n} F_n + \varepsilon_i \qquad (2-2)$$

其中，$R_i$ 是资产 $i$ 的实际收益，$F_1$，$F_2$，…，$F_n$ 是因子变量，$\beta_{i_1}$，$\beta_{i_2}$，…，$\beta_{i_n}$ 是资产 $i$ 对各因子的敏感性，$\varepsilon_i$ 是误差项。

（2）因子模型的应用

因子模型的引入使得风险因素的考量更多元化，通过分析多个因子，投资者可以更全面地理解投资组合的风险敞口。这相比于传统模型有助于提高风险解释的准确性，更符合实际市场的复杂性。

通过对因子模型进行参数估计，可以获得每个因子的贝塔系数和阿尔法值，这为投资者提供了更详细的风险信息。投资者可以通过对因子模型的灵活运用，对不同因子的敏感性进行分析，以更好地制定风险管理策略。

（3）因子模型的局限性

因子模型需要大量的数据来估计模型参数，包括各个因子的历史数据。数据获取和处理的挑战导致模型的实际应用受到限制。此外，因子的选择也需要慎重，不同的因子选择会导致不同的结果。

因子模型的引入增大了模型的复杂性，相比于一些简单的模型，因子模型的解释难度较大。投资者需要对各个因子的经济解释有充分的理解，以便更好地理解模型的输出结果。

（4）因子模型的实证研究

因子模型在学术界和实证研究中得到了广泛的应用。通过对市场因子、行业因子等的实证研究，学者们可以发现影响资产收益的关键因素，从而深入了解市场的运行机制。

因子模型的实证研究推动了模型的不断发展和改进。学者们通过引入新的因子、调整模型结构等方式，努力提高模型的解释能力和预测准确性，使其更好地适应不同市场环境。

因子模型作为一种灵活且相对全面的市场风险定价模型，其基本原理和应用对于投资者和学者在风险管理和实证研究中具有重要意义。

## （二）信用风险定价模型

1. 莫顿（Merton）模型

（1）Merton 模型的基本原理

Merton 模型基于公司的资产负债表结构，通过分析公司资产和债务之间的关系来估计违约概率。该模型主要关注公司资产的波动性和债务的违约门槛。当公司资产价值低于债务的违约门槛时，存在违约的可能性。

Merton 模型的核心方程是：

$$P(D)=N(d_2) \tag{2-3}$$

其中，$P(D)$ 是违约概率，$N(d_2)$ 是标准正态分布中 $d_2$ 的累积分布函数。

（2）Merton 模型的优势与局限

①优势。基于公司财务数据的信用风险度量：Merton 模型通过考虑公司的财务状况，包括资产和债务的关系，提供了基于财务数据的信用风险度量，有助于投资者更全面地了解公司的信用状况。

对于理解公司违约概率和信用风险变化有解释性：通过模型的计算，投资者可以得到关于公司违约概率的信息，从而更好地理解公司的信用风险变化趋势。这对于制定风险管理策略和投资决策具有一定的指导作用。

②局限性。假设公司资产波动率是常数：Merton 模型中的一个假设是公司资产的波动率是常数，但这不符合实际情况。市场波动性的变化对公司的信用风险产生影响，但这在模型中被忽略了。

对于不同行业和公司类型的适用性有限：由于模型基于一些简化的假设，其适用性在不同行业和公司类型之间存在差异。不同行业和公司的经营特点使得模型的预测产生较大偏差。

对于违约门槛的确定存在主观性：Merton 模型的一个关键参数是违约门槛，其确定受到主观判断的影响。这使模型结果对于不同分析者存在一定的主观性和不确定性。

（3）Merton 模型的实际应用

Merton 模型在信用风险管理中得到广泛应用。金融机构和投资者可以利用该模型对公司的违约概率进行估计，从而评估债券和其他债务工具的风险水平。通过对违约概率的监测，企业可以及时调整投资组合，降低信用风险带来的损失。

企业在进行融资决策时，也可以借助 Merton 模型来评估其面临的信用风险。通过对自身资产和债务情况的分析，企业可以更好地理解自身的信用状况，从而制订更合理的融资计划和策略。

2. 随机模型

（1）随机模型的基本原理

随机模型是一种更加灵活的信用风险定价模型，其核心特征是引入随机过程，以更全面地考虑市场因素对信用风险的影响。随机过程是一种包含随机变量的数学对象，可以用来描述信用风险在不同市场环境下的动态变化。

具体而言，随机模型可以采用数学工具如随机微分方程，以刻画信用风险的随机性和动态性。这种数学框架使得模型能够更灵活地适应不同市场环境下的信用风险变化，提高模型的表达能力和解释力。

（2）随机模型的优势与局限

①优势。更灵活地适应不同市场环境下的信用风险变化：随机模型的灵活性使其能够更好地适应不同市场环境下的信用风险动态变化。这对于投资者和风险管理者来说是一种重要优势，特别是在面对市场波动性较大的情况下。

考虑了市场因素对信用风险的瞬时影响：随机模型能够考虑市场因素对信用风险的瞬时影响，更具实时性。这有助于及时捕捉市场变化对信用风险的影响，使决策更准确和及时。

②局限性。模型参数的确定和估计较为困难：随机模型往往涉及众多参数，其确定和估计相对较为困难。模型的准确性和鲁棒性高度依赖于参数的合理选择和估计，这对实际应用提出了一定挑战。

对数据和计算资源的要求较高：随机模型通常需要大量的历史数据和较高的计算资源来支持模型的训练和应用。当一些数据获取困难或计算资源有限时模型的应用会存在一定的限制。

需要高级的数学和计量经济学技能：随机模型的建模和解释往往需要高级的

数学和计量经济学技能。这使模型在实际应用中对于非专业人员较为晦涩难懂，限制了其广泛应用的范围。

（3）随机模型的实际应用

随机模型在金融领域的风险管理中得到了广泛应用。投资银行、基金公司等金融机构可以通过建立随机模型，更全面地评估其投资组合在不同市场情境下的风险敞口，从而优化资产配置和风险管理策略。在保险行业，随机模型也被用于风险定价。通过考虑不同随机因素对保险赔付的影响，保险公司能够更准确地定价不同险种的保险产品，以保障其资金充足并确保盈利。

# 第二节　风险评估的定量与定性分析

## 一、定量分析方法

### （一）风险价值（VaR）的原理和应用

1.VaR 的核心思想

风险价值法是一种用于衡量投资组合风险的方法，其核心思想是在给定的时间周期内，以一定的置信水平，估计投资组合可能的最大损失。VaR 通过对历史数据的分析，建立概率分布来量化风险水平，为投资者提供了一种直观的风险度量方法。

2.VaR 的计算方法

VaR 的计算通常包括以下步骤：

（1）选择时间周期和置信水平

在进行 VaR 计算时，投资者首先需要明确定义风险度量的时间范围和期望的置信水平。这两个参数直接影响了 VaR 的计算结果和对风险的度量。通常，时间周期可以选择根据投资者的风险偏好和投资目标，典型的选择包括一天、一周等。置信水平则决定了 VaR 的计算结果的可靠性，常见的选择有 95% 或 99%。

（2）收集历史数据

获取与投资组合相关的历史数据是 VaR 计算的基础。这包括投资组合中各资产的价格、收益率等数据。历史数据的选择应当充分反映市场波动的情况，同时要考虑数据的时间跨度，确保覆盖了所选时间周期内的各种市场条件。

（3）建立概率分布

利用收集的历史数据，建立投资组合的收益率分布或资产价格变动分布是

VaR 计算的关键一步。不同的概率分布假设会对计算结果产生影响，常见的概率分布包括正态分布等。选择合适的概率分布需要综合考虑市场的实际情况以及所使用模型的适用性。

（4）计算 VaR

在确定了时间周期、置信水平，并建立了概率分布后，通过计算 VaR 来量化投资组合在未来一段时间内可能的最大损失。VaR 的计算结果可以通过不同的公式和方法得出，例如通过累积分布函数（CDF）等方式。这一步骤需要综合考虑历史数据的统计性质和所选概率分布的特征，以得出对风险的量化度量。

通过以上步骤，投资者可以获得对于投资组合在特定时间周期内，在特定置信水平下可能的最大损失的估计，从而更好地理解投资组合的风险水平。VaR 作为风险度量的工具，其计算方法的合理性和准确性对于风险管理至关重要。

3. VaR 方法的局限性

尽管 VaR 是一种常用的风险度量方法，但也存在一些局限性：

（1）对尾部风险的不敏感

VaR 在处理极端事件时存在一定的不敏感性，这是因为其主要依赖于历史数据的统计推断。传统的 VaR 方法可能无法准确地捕捉尾部风险，即那些在极端条件下发生的严重损失。这是因为 VaR 是基于历史分布的统计度量，而当极端事件发生时，历史数据无法提供足够的信息。因此，投资者在使用 VaR 时需要谨慎，尤其是在面对极端市场情况时，需要考虑其他更为灵活的方法。

（2）对分布假设的依赖

VaR 的计算通常基于对收益率分布的假设，而这个假设在市场异常情况下失效。在极端情况下，市场发生非常大的波动，导致实际收益率分布偏离了常规的统计分布。这就使得基于这样的分布假设的 VaR 计算失去准确性。因此，投资者需要在使用 VaR 时意识到这一局限性，并考虑采用更为灵活的方法，如蒙特卡罗模拟等，以更好地反映市场的实际情况。

### （二）期望损失（Expected Shortfall）的优势和应用

1. 期望损失的基本概念

期望损失是 VaR 的一种扩展，衡量在超过 VaR 水平的损失情况下的平均损失。它更为严格，因为它考虑了在 VaR 水平之后的所有损失，并计算其平均值。

2. 期望损失的计算方法

计算期望损失通常包括以下步骤：

（1）计算 VaR

在计算期望损失之前，首先需要计算 VaR。

（2）计算超过 VaR 水平的损失

一旦计算得到 VaR，接下来是计算超过 VaR 水平的损失。具体步骤如下：

识别超过 VaR 水平的损失：从历史数据或模拟结果中，识别那些超过计算得到的 VaR 水平的损失。

记录损失值：记录这些超过 VaR 水平的损失值。这些值将被用于计算期望损失。

（3）计算期望损失

计算期望损失是对超过 VaR 水平的损失取平均值的过程。具体步骤如下：

汇总超过 VaR 水平的损失：将记录的超过 VaR 水平的损失值汇总。

计算平均值：对超过 VaR 水平的损失值进行平均，即为期望损失。

通过这一过程，投资者能够更全面地了解投资组合在极端情况下面临的平均损失水平，进而更有效地管理风险。需要注意的是，期望损失相对于 VaR 更为严格，因为它考虑了所有超过 VaR 水平的损失，而不仅仅是最大的那一部分。这使期望损失在对尾部风险进行评估时更准确。

3. 期望损失的应用

对尾部风险的更好反映：期望损失相比 VaR 更好地反映了尾部风险，因为它考虑了 VaR 水平之后的所有损失。

提高风险敏感度：期望损失的引入使得投资者在风险管理中更加敏感，能够更全面地考虑极端风险情况。

## 二、定性分析在风险评估中的应用

情景分析法是定性分析法的一种，其中，情景分析的步骤和优势如下。

1. 情景分析的步骤

情景分析包括以下关键步骤：

（1）确定关键变量

识别可能对投资组合表现产生显著影响的关键变量，这包括经济增长率、利率、政治事件等。

（2）设定不同情境

设定不同的市场情境，即对关键变量进行不同的取值假设。例如，考虑高增长和低增长的情境。

（3）评估投资组合表现

对每种情境下的投资组合表现进行评估，包括收益、风险以及可能的损失。

（4）调整投资策略

根据情景分析的结果，调整投资策略以适应不同的市场条件。

2. 情景分析的优势

情景分析的优势如下：

（1）考虑非线性关系

能够捕捉关键变量之间的非线性关系，使投资者更好地理解这些变量的相互影响。

（2）考虑突发事件

能够应对突发事件，因为情景分析允许投资者模拟在不同的不确定性条件下的投资组合表现。

（3）提供全面的市场认识

通过考虑多个情境，投资者可以更全面地了解投资组合在不同市场条件下的表现，从而制定更具韧性的投资策略。

## 三、定量、定性分析相结合在风险评估中的应用

定量、定性分析相结合的方法中，灰色关联分析的原理和适用场景如下。

1. 灰色关联分析的原理

灰色关联分析是一种基于灰色系统理论的方法，用于研究和预测多个具有不确定性和模糊性因素之间关联程度的方法。该分析通过量化不同因素之间的关联程度，以灰色关联度的形式表示，从而提供了一种直观的方式来理解这些因素对投资组合的影响。

（1）灰色系统理论

灰色系统理论源是一种处理不完备信息、探讨不确定性问题的数学方法。在灰色系统理论中，系统被分为两部分：已知信息和未知信息。已知信息是具有明确、准确数据的部分；而未知信息则是不完备、模糊或难以准确获取的部分。

（2）灰色关联分析的基本原理

灰色关联分析的基本原理是通过比较两个或多个因素在发展趋势上的相似性，来量化它们之间的关联程度。以下是灰色关联分析的主要步骤：

1）数据标准化

对各因素的数据进行无量纲化处理，将其转化为相对数或指数形式，以消除

量纲的影响。

2）确定关联度函数

选择适当的关联度函数，通常为灰色关联度函数，用于度量因素之间的关联度。

3）计算关联度

根据选择的关联度函数，计算各因素之间的关联度值，形成关联度矩阵。

4）判断关联度

通过对关联度矩阵的分析，判断各因素之间的关联强弱，即其相似性或趋势一致性，关联度越大其评价结果越好。

2.适用场景

灰色关联分析在以下场景中特别适用：

（1）灰色关联分析在不完全信息下的应用

灰色关联分析的首要优势之一是在面对不完全信息时仍能提供有用的分析结果。当市场上的数据难以获取或存在噪声时，传统的数学模型会受到限制。灰色关联分析通过量化不同因素之间的关联程度，帮助投资者在信息缺乏的情况下做出更为明智的决策。

在金融市场这个变化多端的环境中，不确定性是常态。灰色关联分析适用于复杂多变的市场情境，有助于投资者更好地理解市场因素之间的相互作用。投资者可以借助这一方法来发现变化趋势、探索潜在的关联性，为在动荡市场中制定适合的投资策略。

（2）灰色关联分析在定性分析需求中的应用

灰色关联分析在处理定性分析需求时显得直观而有效。相对于一些抽象的定性因素，如市场情绪、政治环境等，灰色关联分析提供了一种相对直观的分析方法。投资者可以通过对这些因素的关联度分析，更全面地了解它们对投资组合的潜在影响。

在需要制定相应战略应对市场不确定性的情境下，定性分析是必不可少的。灰色关联分析为投资者提供了在定性分析基础上进行关联度量化的工具，使其能够用定量的方式，更系统地理解定性因素之间的联系，进而制定更有效的投资战略。

总体而言，灰色关联分析在不完全信息、复杂多变的市场环境以及定性分析需求下均表现出强大的优势。其在提供有用信息、应对市场不确定性、支持定性分析的能力使其成为投资者在制定风险管理和投资决策策略时的重要工具。通过深入运用灰色关联分析，投资者可以更全面、更灵活地应对金融市场的挑战。

# 第三节 金融风险管理工具与案例分析

## 一、常用金融风险管理工具

### （一）风险度量软件

1. 风险度量（Risk Metrics）

首先，风险度量作为一款具有广泛应用的金融风险度量软件，其重要性在于为金融机构和投资者提供了强大而全面的工具，用以更有效地管理和评估各类风险。该软件在市场风险度量和信用风险度量方面具有显著优势。

其次，就市场风险度量而言，风险度量提供了多种方法和工具，其中包括基于历史模拟法和蒙特卡罗模拟法的市场风险度量工具。历史模拟法通过分析过去市场的波动情况，模拟不同市场情境下的投资组合表现，具有对市场真实波动的叫好考量。而蒙特卡罗模拟法通过生成大量可能的市场情境，评估投资组合的风险。该方法处理不确定性和复杂性较为灵活，为投资者提供了更全面的市场风险评估。

再次，风险度量在信用风险度量方面同样表现出色。该软件包含了对债券和信用衍生品的信用风险度量功能。通过这一功能，投资者能够更好地理解和管理投资组合中的信用风险。特别是对于债务工具的风险管理，Risk Metrics 提供了基于公司财务数据的信用风险度量，有助于投资者更精准地评估其投资组合中的信用风险水平。

最后，风险度量的操作简便，其具有直观的用户界面，该软件简化了风险度量模型的使用流程。这使得即便是非专业人士，也能够轻松上手，并更好地应用 Risk Metrics 进行风险度量和分析。这种简便性对于广泛的用户群体是一个重要优势，有助于提高金融从业者对风险管理工具的使用效率。

Risk Metrics 作为一款具有多方面功能的风险度量软件，不仅在市场风险度量方面提供了丰富的工具，还在信用风险度量和操作简便性上表现卓越。这使 Risk Metrics 成为金融领域中不可或缺的工具之一，为投资者和金融机构提供了强有力的支持，以更好地理解、度量和管理各类风险。

2. VARCalc

首先，VARCalc 作为一款专注于计算投资组合风险指标的金融软件，在市场中占有一席之地。其主要功能之一是计算投资组合的 VaR，这是一种衡量投资组合可能损失的统计方法。VaR 的计算在风险管理中起到关键作用，其能够帮助投资者更好地了解潜在风险。

其次，VARCalc 提供了不同方法下的 VaR 计算功能，包括历史模拟法和蒙特卡罗模拟法等。历史模拟法基于过去市场数据的统计性分析，通过对历史数据的模拟来估计未来的风险。而蒙特卡罗模拟法则通过生成大量可能的市场情境，模拟投资组合在这些情境下的表现，以更全面地评估风险。这种多样的计算方法使用户能够根据不同需求和市场环境选择最适合的 VaR 计算方式。

再次，VARCalc 具备风险敞口分析的深入功能，有助于投资者识别并理解投资组合中的关键风险因素。通过深入分析风险敞口，投资者可以更全面地了解投资组合中各项资产的风险贡献，从而更精准地制定风险管理策略。

最后，VARCalc 支持生成详细的风险报告，将风险度量的结果清晰地呈现给用户。这有助于决策和沟通，使投资者能够更好地理解其投资组合的风险状况，从而更有针对性地调整其投资策略。

VARCalc 作为一款专注于 VaR 计算和风险度量的金融软件，通过提供多种 VaR 计算方法、深入的风险敞口分析功能以及详尽的风险报告，为投资者提供了全面的风险管理工具。其灵活性和专业性使其在金融领域中得到广泛应用，已成为投资者理解和管理市场风险的重要助手。

### （二）金融衍生品

1. 期权

期权作为一种金融衍生品在金融市场中扮演着重要角色。其本质是一种合约，赋予购买者在未来某个时间内以约定价格购买（看涨期权）或卖出（看跌期权）某项资产的权利，而购买者有权利履行这一合约，但没有必须买进或卖出的义务。期权因其独特的特性，成为投资者在管理风险和实现投资目标时的重要工具之一。

期权的对冲策略为投资者提供了一种有效的方式来抵消投资组合中的市场风险。通过购买看涨期权，投资者可以在市场上涨的情况下实现盈利，或对冲可能的损失。相反，购买看跌期权则可在市场下跌时提供对冲效果。这种对冲策略使得投资者能够更灵活地应对市场的波动，减小不确定性带来的损失。

期权的多样性和灵活性为投资者提供了增加投资组合灵活性的机会。不同类型的期权合约和交易策略可以满足投资者在不同市场的需求。例如，投资者可以通过组合不同类型的期权来实现更精细化的风险管理，同时利用期权的杠杆效应，提高盈利潜力。这种多样性和灵活性使得期权成为投资者在不同市场环境下调整其投资策略、实现多样化风险管理的有效工具。

在实际应用中，投资者需深入了解各种期权合约的特性和交易策略，以更好地把握期权交易的机会和风险。同时，对于不同类型的期权交易，投资者还需要考虑其在整体投资组合中的权重和相互关系，以确保期权交易与整体风险管理策略相一致。

期权作为金融衍生品，通过对冲策略和增加灵活性，为投资者提供了有效管理市场风险和实现投资目标的工具。其多样性和灵活性为投资者在不同市场情境下提供了更多选择，并为实现投资组合多样化和优化提供了有力支持。

2. 期货

期货作为一种金融工具在金融市场中扮演着重要角色。期货合约是一种标准化的合约，规定了在未来某一特定时间以约定价格买入或卖出标的资产的义务。这使期货合约在投资和风险管理中具有广泛的应用。

期货合约在对冲市场风险方面发挥着重要作用。投资者可以利用期货合约对冲投资组合中的市场风险，降低因市场波动引起的损失。例如，一家生产商面临原材料价格上涨的风险，通过购买相应期货合约锁定价格，即使市场价格上涨，其在合约期到来时仍然能以先前约定的价格购得所需原材料。这种对冲策略帮助投资者规避市场波动带来的不确定性，使其更稳健地进行经营和投资。

期货合约的另一个重要功能是锁定价格。通过期货合约，投资者可以提前锁定购买或销售资产的价格。这对于那些受到市场价格波动风险影响较大的商品来说尤为重要。例如，一家农民可以通过卖出农产品的期货合约，提前确定未来销售价格，从而规避因农产品价格波动而带来的销售风险。这种锁定价格的功能有助于企业在经营计划中更准确地估计成本和收入，增强企业的盈利稳定性。

在实际应用中，投资者需要深入了解期货市场的运作机制、合约规定和市场因素对期货价格的影响。此外，投资者还需谨慎选择合适的期货合约和交易策略，以确保期货交易与整体投资组合相协调，达到风险管理和投资收益最大化的目标。

期货合约作为金融市场中的一种标准化合约，通过对冲市场风险和锁定价格的功能，为投资者提供了有力的风险管理工具。其应用广泛，不仅在农产品、能源等实物商品市场中发挥重要作用，也成为金融衍生品市场中不可或缺的交易品种。

## 二、案例分析与应用

以外汇波动为例，企业在国际贸易中面临着汇率波动的风险。通过使用外汇期货或期权等金融工具，企业可以实施有效的对冲策略，降低因汇率波动而带来的不确定性。这样的案例分析有助于揭示金融工具在风险管理中的实际应用效果。

### （一）外汇波动风险及对冲需求

1. 外汇波动风险的影响

在国际贸易中，企业面临着来自外汇波动的风险。汇率的波动导致企业在本地货币计价下的销售收入和成本发生变化，进而影响企业的盈利能力。尤其对跨国企业而言，其经营涉及多个国家和货币，因此需要采取有效的对冲手段来降低不确定性。

2. 对冲需求的产生

对冲外汇波动的需求主要源于企业在跨境交易中的不同货币收入和支出之间存在的不匹配。企业通常期望能够锁定或规避这种汇率波动所带来的潜在损失，确保其盈利水平不受汇率波动过度影响。因此，采用适当的金融工具来对冲外汇波动风险成为企业在国际贸易中的关键策略。

### （二）金融工具的选择与实施

1. 外汇期货

外汇期货是一种常用于对冲外汇波动的金融工具。企业可以通过买入或卖出外汇期货合约，锁定未来的汇率，以规避不利的市场波动。例如，一家美国企业在欧洲有销售业务，预计将来需将欧元收入兑换为美元。通过购买欧元兑美元的期货合约，该企业能够在合同到期时以事先协商的固定汇率兑换欧元，从而降低了由于欧元兑换美元汇率波动而引起的损失风险。

2. 外汇期权

外汇期权是另一种灵活的对冲工具，允许企业在未来的特定时间内以事先确定的汇率购买或卖出一定数量的外汇。相比于期货，期权赋予了企业更大的灵活性，因为企业可以根据市场走势来选择是否行使期权。例如，一家欧洲企业预计将来需要兑换美元，但担心美元汇率上涨。通过购买美元购汇期权（call option），该企业可以在未来以较低的汇率购得美元，规避了潜在的不利汇率波动。

### （三）对冲效果与实际应用案例

1.对冲效果的评估

（1）对冲效果的评估要考虑的因素

实际对冲效果的评估是一个复杂的过程，需要综合考虑多个因素。首先，企业需要明确其外汇风险管理的目标和策略。这包括确定对冲的范围（是整体还是部分对冲）、对冲的时间周期、对冲的百分比等。这些目标将为后续的评估提供明确依据。其次，企业需要关注市场预期和宏观经济因素。外汇市场受多种因素影响，包括政治事件、经济数据、货币政策等。定期对市场预期进行调研和分析，能够帮助企业更准确地判断未来的汇率走势，从而调整对冲策略。

（2）评估对冲策略的执行情况

首先，企业需要评估选择的对冲工具是否符合预期。外汇期货和期权等工具在执行上有各自的特点，例如，期货具有较高的标准化，期权能提供更大的灵活性。企业需要检查所选工具是否满足其对冲的具体需求，例如，是否能够有效锁定汇率或灵活应对市场波动。其次，对冲的执行是否及时准确也是评估的关键。延误或错误的执行会导致对冲效果下降，从而增加企业面临的风险。因此，企业需要建立健全的执行流程，确保对冲操作的准确性和时效性。对冲并非免费，企业在选择对冲工具时需要考虑成本因素。对冲成本包括交易费用、手续费、保证金以及期权的权利金等。企业需要评估这些成本对整体盈利的影响，以确保对冲策略是经济合理的。

（3）定期评估并调整对冲头寸

对冲是一个动态的过程，市场环境不断变化。因此，企业需要定期监测外汇市场的变化，包括宏观经济状况、政治事件、货币政策等因素。通过对市场的及时了解，企业可以调整其对冲策略，更好地适应新的市场情境。根据市场的变化和企业自身的风险承受能力，企业需要调整对冲头寸的多少。如果市场预期发生了变化，企业原先的对冲比例需要调整，以确保对冲仍然符合企业的整体风险管理目标。

（4）建立有效的风险管理体系

建立一个有效的风险管理体系是对冲效果评估的基础。这包括建立明确的风险管理政策、流程和内部控制机制。同时，培训和增强团队的风险意识也是不可忽视的一部分。只有在一个良好的风险管理框架下，企业才能更加科学地评估对冲效果，确保其风险管理策略的长期有效性。

2. 案例分析：汽车制造企业的外汇对冲

首先，介绍下这家全球汽车制造企业的外汇风险背景。由于在不同国家拥有生产基地和销售业务，该企业面临着多种货币汇率波动造成的风险。变动的汇率对企业的销售收入、成本结构和利润率产生直接影响。企业的对冲目标包括锁定特定销售市场的汇率，以规避汇率波动带来的不确定性。通过使用外汇期货和期权，企业的首要目标是保护自身免受汇率波动带来的损失，确保销售收入和成本之间的良好匹配，以维护财务稳定性。

其次，考虑企业选择的对冲工具和执行过程。在这个案例中，企业选择了外汇期货和期权作为主要的对冲工具。外汇期货用于锁定将来的汇率，而期权则提供了更大的灵活性，使企业能够在有利时行使权利，同时保持对不利汇率变动的保护。执行过程包括市场分析、对冲工具的选择、合约的购买和执行等步骤。企业需要在制定对冲策略时考虑对不同市场的预期、外部宏观经济环境以及公司内部的风险承受能力等因素。

再次，关注企业对冲效果的评估和如何在财报中体现。企业定期评估其对冲策略的执行情况，包括对冲头寸的盈亏情况、对冲成本的分析以及是否达到了预期的对冲效果。这种评估有助于企业调整其对冲策略，确保其在不断变化的市场环境中保持对冲的有效性。在企业财报中，可以通过披露对冲工具的使用情况、对冲成本、对冲效果等信息，向投资者和利益相关方传达企业对外汇风险的管理情况。这些信息将反映在财报的外汇收益或损失中，为投资者提供了对企业财务稳健性的重要参考。

最后，通过总结企业的成功经验和未来挑战，我们可以得出结论。企业通过使用外汇期货和期权成功规避了外汇波动风险，确保了销售市场的稳定收益。然而，随着全球经济和汇率环境的变化，企业仍然面临着新的挑战，需要灵活调整其对冲策略，以适应不断变化的市场条件。这一案例分析为其他企业提供了有益的经验教训，强调了对冲策略的灵活性和根据市场情况调整的重要性。同时，通过对企业在财报中体现对冲效果的详细分析，可以更好地理解外汇对冲的实际应用效果，为其他企业在类似情境中提供借鉴。

3. 对冲工具的实际应用

在实际应用中，企业需要综合考虑多种因素选择合适的对冲工具。外汇期货和期权的选择取决于企业对未来市场走势的预期、对灵活性的需求以及对成本的承受能力。一些企业更注重锁定汇率的稳定性，选择外汇期货；而另一些企业更注重在汇率有利时能够灵活行使权力，选择外汇期权。

对于大型跨国企业而言，其全球业务面临的外汇波动风险较为复杂，需要建立完善的外汇风险管理体系。这包括对各种金融工具的深入了解、制定明确的对冲策略、建立有效的监测和评估机制等。同时，企业还需要与金融机构保持密切合作，以获取及时的市场信息和专业建议，从而更好地应对外汇市场的不确定性。

综合而言，通过使用外汇期货和期权等金融工具，企业可以有效对冲外汇波动带来的风险，降低不确定性对盈利的影响。然而，在实际应用中，企业需要综合考虑各种因素，选择最适合自身业务情况的对冲工具，并不断进行风险管理策略的优化和调整。这样的实际案例分析不仅有助于企业更好地理解金融工具的应用效果，也为其他企业在类似情境中提供了有益的借鉴。

# 第三章　市场风险管理与对冲

## 第一节　市场风险的来源与特征

### 一、市场风险的来源

市场风险来源于市场环境和各种因素对资产价格产生的影响，包括以下三个方面：

#### （一）宏观经济因素

宏观经济因素是市场风险的重要来源之一。经济的整体状况直接影响企业的盈利能力和市场投资者的信心。例如，经济增长趋缓可能导致企业盈利下降，进而影响股票市场的表现。

1.宏观经济因素对市场风险的影响

第一，宏观经济因素中最关键的因素之一是经济增长。经济的整体状况对企业的盈利能力产生直接而深远的影响。当经济增长趋缓时，企业面临的市场需求下降，导致销售额减少，从而直接影响盈利水平。这种情况下，企业会面临压力，采取成本削减等举措来维持盈利水平，而这种举措会进一步影响就业率和整体经济活动。

第二，宏观经济状况中的就业率是一个重要指标。就业率的高低直接关系到居民的收入水平和购买力。在就业率较低的情况下，居民会感受到经济不景气的压力，减少消费支出。由此，企业在市场上的销售受到冲击，进而影响其盈利情况。在投资者眼中，就业率的下降会导致对整体市场的担忧，引发股票市场的不稳定性。

2.宏观经济因素的多样性

第一，宏观经济因素的多样性表现在货币政策的制定上。中央银行通过制定利率政策来调节货币供应量，进而影响借贷成本。当利率上升时，企业和个人的借款成本上升，导致投资减少和消费紧缩。这对金融市场尤其是债券市场和股票市场产生直接影响。股票市场上，高利率使得投资者更倾向于选择固定收益类资产，而不是风险较大的股票。

第二，宏观经济因素中的通货膨胀也是一个重要的风险来源。通货膨胀导致货币贬值，进而影响资产的实际价值。在通货膨胀的背景下，投资者更倾向于寻求实际回报较高的资产，而这会对股票市场和债券市场的资产配置产生影响。因此，在宏观经济因素中，通货膨胀的变化也需要投资者密切关注。

3.宏观经济因素对市场投资者信心的影响

第一，宏观经济因素中的政治稳定度对市场的影响不可忽视。政治动荡和不稳定会引发市场的不确定性，投资者对未来的经济走势产生疑虑，导致投资者信心下降。这种不确定性表现在股票市场的波动性增加和投资者对于高风险资产的回避。

第二，宏观经济因素还包括全球贸易关系。贸易战、关税政策等全球性的经济事件对市场产生深远影响。全球经济的相互联系使得一个国家的经济问题会迅速蔓延到其他国家，对全球经济形成影响。投资者需要密切关注全球贸易关系的发展，以及全球宏观经济政策的调整，以更准确地评估市场的风险和机会。

## （二）行业和公司因素

1.行业竞争态势

（1）全球供应链变动对行业竞争态势的直接影响

第一，全球供应链的变动对行业竞争态势产生直接而深远的影响。行业的生产和运作往往依赖于全球供应链的高度互联。例如，一国的制造商依赖其他国家的原材料供应，如果其中一环出现问题，如自然灾害、政治动荡等，都会导致整个供应链受阻。这种情况不仅直接影响公司的生产和供应，还会对整个行业的经济表现产生负面影响。投资者需要关注全球供应链的动向，及时调整投资组合以规避潜在的风险。

第二，行业内公司的供应链关系也是一个重要的竞争因素。某些公司依赖于特定的供应商，而这些供应商的问题直接影响公司的生产和业务。因此，投资者需要深入了解公司的供应链结构，关注其关键供应商的稳定性和可靠性。这有助于投资者更准确地评估公司在面临供应链风险时的应对能力。

（2）行业的创新和技术变革

第一，行业的创新和技术变革是市场风险的关键来源。技术的进步在短时间内彻底改变一个行业的竞争格局。公司能否适应新技术、进行有效创新直接决定其在市场上的地位。投资者需要密切关注行业内的技术趋势，了解是否有新技术崭露头角，以及公司采取了怎样的战略来迎接这些变革。

第二，行业内公司之间的创新竞争也是决定行业未来发展方向的关键因素之一。某些公司通过不断推出新产品、提高生产效率等保持竞争优势，而另一些公司则因为无法适应新潮流而面临市场份额下滑。投资者需要细致研究行业内部公司的创新能力和战略，以了解哪些公司更有可能在行业竞争中脱颖而出。

综合而言，全球供应链的动态变化和行业内的技术创新都是直接影响行业竞争态势的重要因素。投资者需要通过深入研究行业的供应链结构和公司的技术创新能力，更好地理解行业的整体风险和机会。在构建投资组合时，需要考虑这些因素，并采取相应的风险管理策略，以确保投资组合在面对行业变革时能够保持相对稳健。

2. 公司财务状况

（1）公司盈利能力对市场风险的影响

公司的盈利能力是投资者关注的核心指标之一。在评估公司财务状况时，投资者通常会深入研究公司的利润表现。关键的财务指标包括净利润、毛利润率、营业利润等。公司盈利的好坏直接关系到股票价格的波动。强劲的盈利表现通常能够提高投资者的信心，推动股价上涨，反之，则会引发市场的担忧，导致股价下跌。

因此，投资者需要密切关注公司的盈利报告和财务状况，及时调整投资策略以适应市场变化。

（2）负债水平对公司脆弱性的影响

第一，企业的负债水平是另一个直接影响市场风险的关键因素。高负债水平使公司更加脆弱，特别是在经济不景气时。公司债务过高时，即使出现短期经济波动，也会导致企业陷入财务困境。市场对高负债率的公司更为谨慎，投资者会对其未来的偿债能力和经营状况表示担忧，引发股价的下跌。

第二，负债水平的影响受到经济周期的影响。在经济繁荣期，企业通过借款进行扩张，但在经济衰退时，高负债会成为企业的负担。投资者需要对公司财务报表进行深入分析，关注其长期债务和短期债务的结构，以更好地理解公司的财务稳定性。

（3）现金流对经营和发展的重要性

第一，企业的现金流对市场风险的产生直接影响。不足的现金流会影响公司的经营和发展。企业需要足够的现金流来支付日常运营成本、偿还债务、进行投资和应对突发事件。如果公司的现金流不足，会导致市场对其未来发展的担忧，从而影响股价。

第二，现金流的状况反映了公司对经营和发展的不确定性。良好的现金流状况意味着公司有足够的资金支持，可以更好地应对市场波动和经济不确定性。投资者需要关注公司的现金流量表，特别是自由现金流，以便更全面地评估公司的财务健康状况。

综合而言，投资者在评估公司财务状况时，需要综合考虑盈利能力、负债水平和现金流等多个方面的因素。通过深入研究公司的财务报表和相关指标，投资者可以更全面地了解公司的整体风险水平，并在投资决策中采取相应的风险管理策略，以应对市场的不确定性。

3.公司管理层能力

（1）公司管理层对市场风险的直接影响

第一，公司管理层的不确定性和决策失误是市场风险的重要方面。投资者对公司领导层的信任直接关系到市场对该公司股票的评估。公司管理层在制定和执行战略方面发挥重要作用，他们的决策和执行能力直接影响公司的业绩和长远发展。如果投资者对管理层的能力和决策水平感到担忧，则会在市场上引发对公司股票的抛售，导致股价下跌。

第二，领导层的财务透明度是投资者关注的焦点。公司的财务报表和信息披露质量直接反映了管理层的诚信和透明度。不透明或欺诈性的财务报告会导致投资者对公司的不信任，引发市场的不稳定性。因此，领导层需要采取措施来确保财务报表的准确性和透明度，以维护市场信心。

（2）投资者对管理层的评估与投资决策

第一，投资者通常通过研究公司的年报、财务报表以及管理层的公开演讲等途径来评估管理层的能力。公司的信息披露和沟通策略对投资者的评估至关重要。良好的信息披露可以提高公司的透明度，有助于投资者更好地了解公司的战略、风险管理和未来计划，从而更有信心地做出投资决策。

第二，领导层团队的多样性是投资者关注的因素。一支多元化的领导层团队更有创新力和应对不同挑战的能力。投资者更倾向于支持具有多样性管理层的公司，认为这有助于降低单一因素引起的风险。

（3）领导层变动的影响

第一，领导层的连续性和变动是市场风险的重要方面。如果公司的领导层发生较大变动，市场会对公司未来的战略走向和执行能力感到担忧。领导层的连续性有助于维持市场的信心，而领导层的频繁变动会引发市场的猜测和未来的不确定性，导致股价波动。

第二，领导层的风险管理和危机应对能力对市场风险产生重要影响。当面对突发事件或市场波动时，公司领导层的决策能力和应对措施将直接影响市场对公司的信心。投资者通常会评估领导层对风险的认识和应对措施，以判断公司是否能够有效管理市场风险。

### （三）公共舆论和市场情绪

1. 对消息的解读

（1）公共舆论的影响

公共舆论对市场的解读直接塑造投资者的决策。不同市场参与者对政治、经济和社会事件的解读因信息获取途径、分析能力等不同而存在差异。这种公共舆论将影响市场的情绪和投资者的行为。

（2）消息解读的主观性

消息解读具有主观性，不同投资者和分析师会根据其背景、观点和利益进行不同程度的解读。一条消息可以在市场中引发多种不同的解读，从而导致股票价格的波动。

2. 市场情绪的波动

（1）投资者情绪的综合体现

市场情绪是投资者情绪的综合体现，其中包括恐慌、乐观、悲观等多种情感。这些情感会影响投资者的决策和行为，从而在短期内影响市场价格。

（2）市场情绪的传播

市场情绪具有传播性，投资者之间的情绪波动可以相互影响。当市场出现一定波动时，这种情绪会通过投资者的买卖行为传播开来，进而影响整个市场的投资氛围，进而影响投资收益。

## 二、市场风险的特征

市场风险具有以下几个特征：

### （一）不可预测性

1. 多因素交织的复杂性

市场风险往往源于多种复杂因素的相互作用，包括宏观经济变化、政治事件、自然灾害等。这些因素的交织使得市场环境异常复杂，其变化具有高度不确定性，使得市场风险难以提前准确预测。例如，在宏观经济方面，全球供应链的变动、货币政策的调整以及国际贸易关系的变化都会对市场产生深远影响。而政治事件如选举、政府政策调整、国际冲突等也是市场风险的重要来源。此外，自然灾害如地震、飓风等突发事件也会对市场产生重大冲击。

2.预测挑战与模型不确定性

投资者在面对市场风险时往往面临预测的巨大挑战。市场风险的动态变化、市场参与者行为的复杂性以及多元化的因素影响，使得建立准确的预测模型变得极为困难。例如，金融市场的参与者包括各类投资机构、个人投资者，以及高频交易算法等，它们的行为受到心理因素、市场消息、机构内部决策等因素的影响。这使市场参与者的行为难以简单建模，预测市场变化更具挑战性。

### （二）不可控性

1.外部因素的影响

市场风险的不可控性主要体现在受到各种外部因素的影响，这些因素超出了投资者个体的操控范围，这些因素通常是投资者无法预知和操控的。

2.投资者局限性

投资者在面对市场风险时存在信息获取和处理的局限性，这限制了他们对市场的全面了解和有效应对市场变化。部分信息可能是非公开的，或者因为市场信息瞬息万变而难以被充分考虑。投资者有时难以获取全面、及时的信息，导致在市场风险管理中存在盲点和不确定性。

### （三）传染性

1.波及效应的发生

第一，市场风险的传染性主要体现在波及效应的发生。当市场出现剧烈波动时，这会触发投资者的情绪反应和行为变化，引发更广泛的市场恐慌或贪婪情绪。这种情绪的传播和扩散会导致不同资产价格的同向波动，形成市场风险的传染效应。例如，在一场股市崩盘中，投资者会纷纷抛售不同种类的资产，导致债券、大宗商品等多个市场的价格受到波及。

第二，市场参与者的连锁反应也是波及效应的重要因素。当一部分投资者因市场波动而进行大规模的买卖操作时，其他投资者会迅速跟随，形成市场的集体行为。这种连锁反应会扩大市场波动，使得风险在不同资产之间传播。例如，某一资产的大幅下跌会引发投资者对其他相关资产的担忧，从而引发整个市场的危机情绪。

2.全面考量跨资产类别的关联性

第一，为了有效防范市场风险，投资者需要全面考虑不同资产类别之间的关联性。不同资产类别之间的相关性决定了它们在市场波动中的表现是否一致。通过深入分析不同资产之间的关联性，投资者可以更好地了解在市场风险传播时可能发生的情景，从而更有针对性地制定投资组合和风险管理策略。

第二，为了抵御市场风险，投资者可以考虑采用交叉资产的组合配置。通过在投资组合中引入不同相关性的资产，投资者可以实现一种分散化的风险管理策略，降低整体投资组合的波动性。例如，在一些资产负相关的情况下，其中一个资产的下跌会被另一个资产的上涨所抵消，从而实现风险的分散。

### （四）长期趋势

1.短期波动与长期趋势相结合

第一，市场风险在短期内呈现剧烈波动。这种波动往往受到市场情绪、短期事件和交易活动等因素的影响。投资者需要认识到短期波动的不确定性，以及在这种波动中可能产生的机会和风险。

第二，尽管市场在短期内可能经历波动，但从长期来看，往往呈现出一定的趋势和周期性。长期趋势反映了宏观经济、产业发展和结构性变化等方面的影响。投资者需要通过深入研究这些长期趋势，把握市场的根本走势，从而更好地应对市场的长期变化。

2.长期趋势的影响因素

第一，宏观经济因素对长期趋势产生重要影响。经济周期、通货膨胀水平、利率变动等宏观经济指标会在较长时间内影响市场的整体表现。投资者需要关注宏观经济的结构性变化，以预判市场长期趋势的发展方向。

第二，全球化进程对市场长期趋势产生深远影响。国际贸易、跨国投资、全球供应链等因素使得各国市场更加相互关联。投资者需关注全球化进程中的新机遇和挑战，以更好地把握市场的长期发展趋势。

第三，科技创新是推动长期趋势的关键因素。技术的进步和创新往往引领着产业的发展方向，影响着公司的盈利能力和市场地位。投资者需要密切关注科技行业的创新动态，以更好地理解市场长期趋势中的科技驱动力。

### （五）可分散性

1.资产配置与多样化投资组合

第一，资产配置是投资组合中的重要战略，通过合理配置不同类别的资产，投资者可以降低特定股票或行业带来的风险。不同资产类别之间的相关性较低，因此当市场出现波动时，部分资产可能表现较好，从而实现风险的分散和控制。

第二，多样化投资组合是实现可分散性的重要手段。通过同时持有不同行业、地区和资产类别的投资标的，投资者可以有效地降低特定风险对投资组合的影响。这样的多样化策略有助于提高投资组合的韧性，减少整体波动性，使投资者更好地应对市场的不确定性。

2. 风险管理的重要性

第一，可分散性强调了风险管理的重要性。尽管市场上存在不可抗力的风险，但通过有效的分散，投资者可以减小特定股票或行业波动带来的风险。这种分散不仅需要在资产配置上考虑，还需要注重不同资产之间的相关性，以确保投资组合在各种市场环境下都能表现稳健。

第二，风险管理的实践需要投资者具备合理配置资产的能力。通过深入了解各个资产类别的特性、市场行为和风险因素，投资者可以更准确地判断何时增加或减少特定资产的权重。这种主动的资产配置是风险管理的重要组成部分，有助于在市场波动时降低投资组合的波动性。

总之，市场风险是由于市场环境和各种因素对资产价格的影响而产生的不可预测、不可控、具有传染性且有一定趋势的风险。投资者应该认识到市场风险的存在并采取相应管理措施来降低风险带来的损失。

## 第二节　金融市场风险管理工具与技术

### 一、金融市场风险管理工具

#### （一）量化分析

1. 数学模型和统计工具

（1）数学模型的应用

随机漫步模型是描述金融市场价格变动的经典数学模型之一。该模型假设市场价格是一个连续随机过程，未来的价格变动不可预测，类似于随机漫步，是布朗运动的理想数学状态。通过数学表达式，随机漫步模型能够模拟市场的不确定性，为投资者提供对价格变动的理论认识。然而，随机漫步模型也存在对市场现实情况的过于简化的批评，因为它忽略了市场中存在的许多非随机因素。

布朗运动是一种连续时间随机过程，被广泛用于金融领域，尤其是在期权定价模型中。通过数学表达式，布朗运动描述了资产价格的随机波动，其中包括随机游走的思想。布朗运动的应用使得投资者能够更好地理解资产价格的波动性，并在期权定价等领域提供了实用的数学工具。

（2）统计工具的重要性

时间序列分析是一种基于时间顺序的数据集合进行分析的统计工具。在金融领域，时间序列分析可以用于识别市场趋势、季节性变动以及周期性波动等。通过对历史价格数据的分析，投资者可以发现市场的周期性规律，从而更好地制定投资策略。

回归分析用于研究两个或多个变量之间的关系。在金融领域，回归分析常用于分析资产之间的相关性以及建立风险模型。通过对不同资产之间的关系进行回归分析，投资者可以量化资产之间的风险联动性，从而更好地分散投资组合的风险。

（3）数学模型与统计工具相结合

数学模型和统计工具相结合为投资者提供了深入理解市场和量化风险的手段。数学模型提供了对市场的理论框架，而统计工具则通过实证分析历史数据，验证和修正数学模型，使其更贴近市场实际情况。这种结合能够帮助投资者更准确地理解市场行为，制定更科学的投资策略，提高投资决策的精准性。

2. 机器学习和人工智能

（1）机器学习在金融领域的应用

机器学习技术在量化交易中发挥着重要作用。通过对大量历史数据的分析，机器学习模型能够识别市场中的潜在模式和趋势，从而生成有效的交易策略。这些模型可以实时监测市场变化，快速做出决策，提高投资组合的收益率。

机器学习在风险管理中的应用主要体现在对市场波动性和异常事件的监测和预测。通过对历史波动性数据的学习，机器学习模型能够更准确地评估当前市场风险水平。同时，它们可以识别导致市场异常波动的因素，帮助投资者及时调整风险敞口。

（2）人工智能技术的优势与应用

人工智能广泛应用于智能投顾，为投资者提供更加个性化的投资建议。基于投资者的风险偏好、财务状况和目标，智能投顾系统能够生成定制化的投资组合，实现更有效的资产配置。

人工智能技术在金融预测分析中的应用，如预测股票价格、货币汇率等，已经取得显著进展。通过深度学习等技术，模型能够处理大量非线性数据，提高预测的准确性，使投资者能够更好地把握市场走势。

(3)机器学习和人工智能的综合应用

机器学习和人工智能的综合应用为金融领域提供了更多可能性。通过将机器学习的模型与人工智能的智能化决策系统相结合，投资者可以更全面地理解市场的动态，更快速地做出决策。这种综合应用可以帮助投资者更好地应对市场的复杂性和快速变化，提高投资决策的效率和精准度。

### （二）高频交易和算法交易

1. 快速交易操作

(1)高频交易的原理

高频交易通过快速执行大量交易，以薄利多销的方式获取收益。这种操作方式使得投资者能够在市场波动中快速应对，减小交易风险。

(2)算法交易的优势

算法交易系统基于预设的算法和策略执行交易，能够在瞬息万变的市场中做出精准的交易决策。这有助于实现更有效的风险管理策略。

2. 风险管理策略

算法交易系统内置风险管理策略，能够智能化地根据市场情况调整仓位，采取及时对冲措施。这使投资者能更灵活地应对市场波动，减轻风险敞口。

通过量化分析和高频交易等工具，投资者能够更准确、迅速地响应市场变化，实现对风险的有效管理。同时，机器学习和人工智能技术的应用，以及算法交易系统的智能化风险管理，使得整个风险管理过程更趋向科学、智能。

## 二、技术在市场风险管理中的应用

### （一）大数据分析

大数据分析技术可以处理大量市场数据，辅助金融机构更好地识别潜在风险因素和趋势，提供更准确的风险评估和决策支持。大数据分析能力使得实时监控市场变化成为可能，同时通过对历史数据的分析，支持对市场风险的预测。

1. 大数据在金融领域的应用

(1)实时监控与分析

第一，在金融领域，大数据分析技术赋予金融机构实时监控市场变化的能力。通过采集、整理和分析大规模实时数据，金融机构能够快速获知市场的动态，包括但不限于价格波动、交易量的变化等。这种实时性为投资者提供了更迅速的信息反馈，使其能够及时调整投资策略，降低因市场波动而带来的风险。

第二，大数据的实时监控不仅是对市场行情的实时跟踪，还包括对各种金融事件和新闻的实时感知。金融机构可以通过大数据分析实时评估市场情绪和投资者情感，为投资者实时决策提供支持。这种即时性信息有助于投资者更准确地判断市场走势，制定更具针对性的投资策略。

第三，实时监控市场变化使得金融机构能够更迅速地发现潜在的风险。通过大数据分析，金融机构可以识别市场中的异常波动、交易异常等情况，及时采取风险管理措施。这种及时性的风险管理有助于金融机构在市场动荡时更好地保护投资者的利益。

（2）风险因素识别

第一，大数据分析在金融领域的应用，尤其是在风险管理中，有助于金融机构更好地识别潜在的风险因素。通过深入挖掘大规模数据中的模式和关联性，金融机构可以发现一些影响市场的隐性因素，风险因素识别有助于金融机构在投资决策中更全面地考虑多方面的因素，提高决策的准确性。

第二，大数据分析技术可以将传统的市场因素与非传统因素相结合，使得金融机构在风险管理中更全面地考虑多方面的因素。通过对大规模数据的整体分析，金融机构能够更好地理解市场的复杂性和多变性，从而更有效地制定风险管理策略。

第三，大数据的应用扩大了金融机构的决策全局视野，使其能够更全面地了解市场的变化和潜在风险。这种全局视野有助于金融机构更灵活地应对不同的市场状况，降低因信息不足而导致的决策失误。

2. 大数据分析对风险评估的贡献

（1）精准的风险评估

大数据分析技术的一项主要贡献在于其处理多维度、多变量数据的能力。金融机构可以借助大数据技术更全面地观察市场，分析多种因素对风险的影响。这种多维度处理有助于精准评估不同资产的风险特征，使机构能够更全面、深入地了解市场中各类潜在风险。

通过大数据分析，金融机构可以更科学地管理风险，具体体现在对风险概率和影响程度的量化。大数据技术使得对历史数据和实时数据的深度挖掘成为可能，从而为各种风险事件的概率和影响程度提供更为准确的估计。这使机构能够更精准地评估不同风险的优先级和重要性，有针对性地进行风险管理决策。

（2）历史数据分析

大数据分析技术为机构提供了深度分析历史数据的工具，使其能够更好地了解过去市场的运行规律，为未来市场的风险预测提供更可靠的依据。

历史数据的深度分析不仅有助于了解市场规律，还为金融机构提供了预测市场潜在波动性的能力。通过对历史波动模式的识别和分析，机构可以更好地预测未来市场可能的波动性水平。这种预测有助于机构在制定投资策略时更谨慎，根据市场的历史波动性合理配置资产，降低投资组合的整体风险。

## （二）自动化交易系统

1. 自动化交易系统的规则执行

（1）规则制定和执行

自动化交易系统的核心是建立明确的交易规则和执行策略。这包括定义买入和卖出的条件、交易量、止损和止盈等规则。这些规则基于技术指标、市场趋势或其他预设条件，旨在实现系统化的、不依赖主观判断的交易操作。

（2）交易信号的生成

交易系统通过预定的算法和策略生成交易信号。这包括技术分析、基本面分析或其他定量分析方法。生成的交易信号将触发系统执行相应的买卖操作。

（3）风险控制机制

规则执行不仅包括买卖规则，还包括风险控制机制。自动化交易系统通常设定风险限制，如最大可接受损失额度，以确保在异常市场情况下系统能够自动退出或采取相应的风险控制措施。

2. 自动化交易系统的实时反应

（1）实时市场监测

自动化交易系统能够实时监测市场行情和交易数据。这种实时监测使得系统能够捕捉到市场变化，及时获取最新的价格和交易信息。

（2）即时决策

基于实时监测的市场信息，交易系统能够立即做出决策。这包括执行交易、调整仓位、修改交易策略等。系统通过快速响应市场变化，有助于避免错失交易机会，同时降低市场不利时的损失。

（3）预警和通知

当系统监测到潜在的风险或执行条件时，它可以发出预警或通知。这有助于投资者及时了解系统的操作和市场状况，从而更好地做出决策。

### （三）云计算和大规模计算平台

1. 快速数据处理

（1）云计算的数据处理优势

云计算平台通过分布式计算和存储资源，实现对大规模数据的高效处理。金融机构可以利用云计算技术快速获取、存储和分析市场数据，从而更迅速地做出风险管理和投资决策。

（2）大规模计算平台的实时性

大规模计算平台通过并行处理和分布式计算，能够在短时间内处理大量数据。这种实时性使得金融机构能够更及时地识别潜在风险，采取相应的措施，提高市场反应速度。

（3）数据分析的精确性

云计算和大规模计算平台结合强大的数据处理能力，能够通过高级分析算法实现更精确的数据挖掘。金融机构可以利用这一优势深入挖掘市场数据，发现隐藏的模式和趋势，提高风险评估的准确性。

2. 弹性计算

（1）弹性计算的适应性

云计算和大规模计算平台具备弹性计算的特性，可以根据需求自动扩展或缩减计算和存储资源。这使得金融机构能够灵活应对交易量的波动，降低了维护硬件设备和基础设施的成本。

（2）灵活地计算需求

金融行业的计算需求因市场波动、交易量激增等原因发生剧烈变化。弹性计算使得金融机构能够根据实际需求动态调整计算资源，确保系统稳定运行，同时避免资源浪费。

（3）降低运营风险

通过弹性计算，金融机构可以更好地规划和管理计算资源，降低因资源不足或浪费而导致的运营风险。这有助于提高系统的可用性和稳定性，确保业务连续性。

# 第三节　对冲策略与实际应用案例

## 一、对冲策略概述

### （一）期权对冲

1. 购买看涨期权的对冲

（1）购买看涨期权的对冲

第一，购买看涨期权是一项常见的对冲策略，投资者通过购买这种期权来抵消其投资组合在市场上涨时的潜在损失。该策略的基本原理是在市场上涨的情况下，看涨期权的价值会增加，从而为投资者带来收益，抵消其他部分的损失。

第二，执行购买看涨期权的对冲策略包括以下步骤：一是，投资者需要对市场进行分析，判断市场的预期趋势。如果预期市场将上涨，购买看涨期权将成为一种合理的对冲选择。二是，投资者需要选择适当的期权合约，包括期限和执行价格。这涉及对市场波动性和预期收益的综合考量，以确保期权能够在市场上涨时提供足够的保护。在执行对冲策略之前，投资者需要定量购买看涨期权的风险和回报。这包括计算期权的成本、确定潜在的最大损失和预期的收益。

第三，对冲效果与潜在收益。购买看涨期权的对冲效果主要体现在市场上涨时，期权价值的增加能够抵消投资组合其他部分的损失。这种对冲效果对于投资者在市场波动性较大时保持较稳定的投资组合至关重要。尽管购买看涨期权是一种对冲策略，但它并非免费的保险。投资者需要支付期权的费用，因此在市场未出现上涨时，这部分成本将成为投资组合的一部分损失。

（2）购买看涨期权的局限性

购买看涨期权的对冲策略存在一些局限性：一是，期权费用。购买期权会涉及一定的费用，这增加了投资成本。如果市场未能上涨，则这部分费用成为损失。二是，时效性。期权有时效性，一旦过期，投资者则失去对冲的效果。正确预测市场趋势的时间窗口是对冲成功的重要因素。三是，预测市场趋势的难度。正确预测市场趋势是对冲策略的核心，但市场的不确定性和复杂性使得准确的趋势预测成为一项挑战。

2. 购买看跌期权的对冲

购买看跌期权作为对冲策略是投资领域中一种重要且复杂的手段。这种策略的运用涉及对市场走势的深刻洞察和对期权市场的精准把握。

第一，购买看跌期权的对冲策略是基于对市场下跌的预期。在传统的金融投资中，投资者通常会通过多元化投资组合来分散风险，但当整体市场走势向下时，投资者仍然需要有效的对冲手段。购买看跌期权为投资者提供了一种有力的工具，能够在市场下跌时实现收益，从而抵消其他投资部分可能遭受的损失。这种对冲方法的专业性在于需要准确判断市场趋势，并灵活运用期权工具，以实现投资组合的风险管理。

第二，购买看跌期权的操作需要深入了解期权市场的运作机制和相关金融工具的特性。期权市场涉及复杂的合约和衍生品，投资者需具备对期权定价、隐含波动率等方面的专业知识。在选择特定的看跌期权合约时，投资者需要考虑到期日、执行价格、期权费用、杠杆收益等多个因素，以制定最有效的对冲策略。这种深度的专业性使得购买看跌期权不仅是一种简单的投机行为，更是一项复杂的金融工程活动。

第三，购买看跌期权作为对冲的学术价值在于其对风险管理理论的贡献。有效的风险管理是现代投资理论的核心，而购买看跌期权的对冲策略为投资者提供了一种在市场下跌时保值的方法。通过对期权市场的深入研究，投资者发现不同看跌期权合约在不同市场条件下的表现，为风险管理理论的进一步完善提供了实证基础。这种学术价值使得购买看跌期权成为金融学、投资学等领域研究的热点话题。

第四，购买看跌期权的对冲策略在实际操作中需要投资者具备一定的技术分析和决策能力。对市场走势的准确判断、期权合约的选择以及时机的把握都需要投资者具备较高水平的专业素养。在实践中，投资者可以通过建立完善的风险管理体系、运用先进的金融工具和采用量化分析方法来提高对冲效果，从而更好地维护投资组合的稳健性。

### （二）多空策略

1. 多头头寸的概述

（1）多头头寸的基本概念

第一，多头头寸是金融领域中一种基本的投资策略，投资者通过持有某一资产，表达对其未来价值上升的预期。这种策略基于投资者对特定资产或市场的乐观看法，旨在通过资产价值的增长获取利润。多头头寸的概念贯穿于各种金融工具，包括股票、债券、期货、期权等，为投资者提供了灵活的选择，以满足其对市场趋势的判断和预期。

第二，多头头寸的核心理念在于对特定资产或市场的看好。投资者选择建立多头头寸时，通常是因为他们对相关资产的未来表现持乐观态度。这主要基于对公司基本面的分析、宏观经济因素的研究，或者对技术指标的深入了解。例如，在股票市场中，投资者通过分析一家公司的盈利潜力、行业前景等因素来形成多头观点，并选择持有该公司的股票。

第三，多头头寸的形成可以通过不同的金融工具来实现。股票市场中，多头头寸通常表现为投资者购买股票。在期货市场，多头头寸则涉及买入期货合约，期望在未来价格上涨时获取利润。另外，在期权市场，投资者可以购买看涨期权，以便在标的资产价格上涨时获得权利金。这些不同的金融工具为投资者提供实现多头头寸的多种方式，以适应不同市场环境和投资偏好。

第四，多头头寸的管理涉及风险控制和定期的投资组合评估。尽管多头头寸表达了投资者对市场的乐观看法，但市场波动和不确定性仍然存在，这导致资产价值下跌。因此，投资者需要实施有效的风险管理策略，包括设置止损位、分散投资组合、关注市场动态等。此外，定期的投资组合评估也是确保多头头寸继续符合投资者预期的重要手段，以及在需要时进行调整和优化。

（2）多头头寸的特点和应用

第一，多头头寸的特点之一是与长期投资紧密相关。投资者在建立多头头寸时通常采取长期投资策略，即持有某一资产较长的时间，期望在未来能够获得升值。这种长期的投资观念反映了投资者对特定资产或行业的信心，并表明他们对未来经济和市场发展有积极的预期。这种情况下，投资者不仅关注资产的当前价值，更注重其潜在的长期增值潜力。

第二，多头头寸的特点包括对资产升值的预期。投资者在建立多头头寸时，预期所持有资产的价值将上升。这种预期升值的特点是多头头寸策略的核心，驱动投资者在市场中进行买入操作。

第三，多头头寸在股票市场中是一种常见的投资方式。投资者通过购买股票建立多头头寸，多头头寸的应用还可以延伸到其他金融工具，如期货和期权市场。在期货市场，投资者可以建立多头头寸通过购买期货合约，在未来价格上涨时获取利润。在期权市场，投资者可以购买看涨期权，以便在标的资产价格上涨时获得权利金。这种多头头寸的应用提高了策略的灵活性，使投资者能够根据不同市场条件和风险偏好选择最合适的金融工具。

2. 空头头寸的概述

（1）空头头寸的定义

第一，空头头寸是金融市场中一种特殊的投资策略，投资者通过卖出预期贬值的资产来参与市场。这种策略的核心理念是投资者预期所卖出的资产在未来某个时间点会贬值，从而能够以更低的价格买回，实现差价收益。空头头寸的定义涉及卖空操作，即投资者以一种借入的形式卖出资产，希望在市场变动中获得利润。

第二，空头头寸的风险和管理是投资者在卖空操作中需要高度关注的方面。由于空头头寸的利润潜力在理论上是无限的，但损失潜力却是有限的，因为资产价格不可能下降到零以下。因此，投资者在卖空时要谨慎管理风险，设置止损位以限制潜在的损失。此外，市场对空头头寸的监管和法规也需要被投资者密切关注，以确保合法合规的交易。

（2）空头头寸的应用

第一，空头头寸的应用中，其主要利润来源在于所卖资产的价值下降。空头头寸的应用在衍生品交易中具有广泛的适用性。投资者可以通过卖出期货合约或其他衍生品来实现空头头寸。这使得他们能够更灵活地参与市场，无须实际持有特定的实物资产。在期货市场中，投资者可以通过卖出期货合约，以期在合约到期时以更低的价格买入。这种应用方式为投资者提供了一种无须实际拥有资产的方式，通过市场的负向波动实现利润。

第二，空头头寸的应用需要投资者充分理解市场动态、资产价值的评估以及风险管理的原则。在实际操作中，投资者需要精准判断市场趋势，深入分析相关资产的基本面和技术面因素，以确保卖空策略的有效实施。同时，投资者需要设置明智的止损位，及时调整策略以适应市场的变化，降低潜在的损失风险。

## 二、实际案例分析

### （一）外汇对冲案例

1.跨国企业的外汇对冲案例

第一，让我们考虑一家具有全球业务分布的跨国企业，其经营涵盖生产、销售和服务等多个方面。这样的企业通常会面临外汇风险，因为其业务跨足多个国家，涉及不同货币。这一风险主要来自贸易、投资、融资等方面，因此对企业而言，不同国家货币的升值或贬值都可能对其盈利、成本以及财务报表的汇兑损益造成影响。

第二，对于跨国企业而言，贸易是主要的外汇风险来源之一。当企业在全球范围内进行产品销售时，其销售额和成本通常涉及多种货币。如果企业的主要收入和支出不在同一货币下，汇率波动就会对其盈利产生直接影响。例如，如果企业以美元报价，并在欧元区销售产品，汇率的波动会导致销售额的实际价值发生变化，从而影响企业的盈利状况。

第三，投资是另一个导致外汇风险的因素。跨国企业在不同国家进行投资，涉及购买资产、股权或债务。这些投资的价值和回报受到不同国家货币汇率波动的影响。如果企业在本地货币下投资，而该货币贬值，那么其投资的价值就会相应减少。此外，企业会面临资产负债表的外汇风险，因为在报告财务状况时，外汇汇率的波动会影响其资产和负债的计价。

第四，融资活动也会对企业的外汇风险产生影响。企业通过债权融资或股权融资筹集资金，而这些融资涉及多个货币。如果企业以外币债权融资，汇率波动会导致其还款额的实际价值发生变化。此外，如果企业的股东基础跨足多个国家，股权融资的收益也会受到不同国家货币的影响。

第五，企业在财务报表中需要处理外汇风险的影响，主要涉及财务报表的翻译和汇兑损益的计算。在财务报表中，跨国企业需要将其在各个国家的财务信息进行整合。这就涉及汇率的转换问题，尤其是对于企业的母公司而言。在报告财务状况和业绩时，企业需要考虑不同国家货币的汇率，以确保财务报表的准确性和可比性。此外，企业还需要关注财务报表的汇兑损益，即由于汇率波动而导致的财务损益，这会对企业的盈利能力产生直接影响。

2.案例对冲的实施及效果

第一，通过外汇对冲，企业成功实现了财务报表中汇兑损益的相对稳定。这一效果主要体现在企业在财务报表中能够最小化因汇率波动而引起的汇兑损益。外汇对冲的核心目标是通过合理的对冲策略，使得企业在面对外汇波动时能够规避或降低可能产生的负面影响。通过购买或销售外汇期货合约等对冲工具，企业能够锁定未来某一时期的汇率，从而确保在财务报表中对外汇变动的影响得到控制。这使得企业的财务报表更具稳定性，投资者能够更加准确地评估企业的经营绩效。

第二，外汇对冲为企业提供了更为预测性的财务状况。由于外汇对冲能够规避或减小因汇率波动而引起的不确定性，企业的财务状况变得更加可预测。投资者在分析企业的财务报表时，能够更自信地对企业未来的盈利水平进行预测。这是因为企业通过外汇对冲，成功地规避了外汇风险，为投资者提供了更清晰的财务信息。对于投资者而言，能够更准确地预测企业未来的盈利状况，有助于制定更明智的投资决策，提高投资的可持续性。

第三，通过外汇对冲，企业在财务状况上展现出更强的稳健性，从而提高了其在投资者眼中的信誉。投资者通常更倾向于投资那些能够有效进行风险管理、稳健经营的企业。通过采用外汇对冲策略，企业展示了对外汇波动的主动管理和对财务风险的敏感性。这种稳健性有助于企业吸引更多投资，降低资金成本，并提升企业的市值。

第四，通过这一案例，我们可以得出结论：在面临跨国业务和外汇风险的情境下，通过选择合适的外汇对冲工具，企业不仅能够实现财务状况的稳定，减小外汇波动对汇兑损益的影响，同时也为投资者提供更加可预测的财务信息，提高了企业在投资者心中的信誉。这一案例为企业制定外汇风险管理策略，提高财务透明度提供了实证经验，也为学术研究和企业实践提供了有价值的参考。

### （二）股票期权对冲案例

1. 投资者背景和市场风险

第一，让我们深入探讨这位投资者的背景。该投资者主要侧重于股票投资，这意味着他对于公司的股票头寸占据了投资组合的主导地位。这是因为投资者对股票市场有相对较高的信心，或者出于对股票投资潜在回报的追求。股票作为一种风险资产，通常在投资组合中占有重要地位，但也带来了市场风险，因为股票市场波动较大，会对投资者的资产价值产生较大影响。

第二，投资者最关切的问题之一是市场出现下跌，这将直接影响其股票头寸的价值，进而影响整个投资组合的价值。股票市场的波动性受到多种因素的影响，包括宏观经济指标、公司业绩、政治事件等。投资者对市场下跌的担忧源于对这些因素的不确定性，以及对市场情绪和投资者行为的担忧。当面对市场风险时，投资者需要审慎评估其投资目标、风险承受能力和投资时间，以制定相应的风险管理策略。

第三，为了应对市场风险，投资者可以采取多种措施。其中之一是分散投资。通过在不同行业、不同地区和不同资产类别中分散投资，投资者可以降低特定市场或行业的风险。这有助于在整体投资组合中分散市场波动对资产价值的冲击。此外，定期重新调整投资组合也是一种常见的风险管理策略。通过定期调整资产配置，投资者可以确保其投资组合仍然符合其风险承受能力和投资目标，避免因市场波动而失衡的情况。

第四，投资者可以考虑使用衍生品工具进行对冲。例如，购买看跌期权可以在市场下跌时提供一定的保护，因为这允许投资者以事先约定的价格出售股票。虽然购买期权需要支付一定的费用，但它提供了在市场下跌时限制损失的机会。

然而，投资者需要谨慎使用衍生品工具，因为其复杂性和潜在的损失风险需要投资者更深入的理解和操作经验。

第五，投资者在制定市场风险管理策略时还需考虑其风险偏好和投资期望。不同的投资者有不同的风险承受能力和投资目标，因此，其采取的风险管理措施存在差异。例如，保守型投资者更加偏向于采用稳健的资产配置和定期定额投资策略，激进型投资者更愿意接受高风险、高回报的投资策略。

2.股票期权对冲策略的选择

购买看跌期权的基本原理是投资者支付一定的费用，以购买权利在未来某一时间以事先约定的价格卖出特定数量的股票。当市场下跌时，看跌期权的价值上升，从而部分或完全抵消股票头寸的潜在损失。这一策略提供了一种相对低成本的方式，使投资者能够在市场风险加大时有效地保护其投资组合价值。

购买看跌期权的效果主要体现在其对冲市场下跌风险的能力上。当市场下跌时，股票头寸面临损失，而购买看跌期权则提供了一种保护机制。通过购买这种期权，投资者可以锁定未来某一时期内的卖出价格，即使在市场下跌时，他们仍然能够以较高的价格卖出股票，从而降低损失的程度。这种对冲策略的选择反映了投资者对市场波动的预判，以及对其投资组合价值的保护意愿。

投资者在采用股票期权对冲策略时需要考虑一系列因素，包括期权的到期日、执行价格、期权费用等。期权的到期日应该与投资者对市场下跌风险的预期时间相匹配，以确保对冲效果的最大化。执行价格的选择应基于投资者对市场走势的判断，以及其对股票最低价的估计。此外，期权费用是购买看跌期权时支付的成本，投资者需要权衡费用和对冲效果之间的关系，以确保选择的期权合约符合其整体投资策略。

最后，购买看跌期权作为一种对冲策略并非没有局限性。期权费用在一定程度上削减投资者的盈利，尤其是在市场表现良好的情况下。此外，期权的有效期限有限，如果市场在购买期权后没有出现明显下跌，投资者会面临期权过期而损失部分或全部权利的风险。因此，投资者在选择股票期权对冲策略时需要全面考虑风险和回报，并根据自身投资目标和风险承受能力做出明智决策。

3.案例实施及效果

第一，让我们深入研究投资者购买看跌期权的实施过程。投资者在面临市场下跌风险时，选择购买看跌期权，实施过程中，投资者需谨慎选择期权合约，确定适当的到期日和执行价格，以及合理的期权费用。

第二，购买看跌期权的效果主要在于其对冲市场下跌风险的能力。当市场下跌时，股票头寸面临潜在的损失，而购买看跌期权则提供了一种保护机制。

第三，对冲策略的实施并不代表放弃潜在收益。投资者仍然可以从股票头寸中获得利润。购买看跌期权的费用相当于一种保险成本，但它确保了在市场下跌时的资产保值。即使市场表现良好，投资者仍然可以从股票头寸中获得潜在的收益，而期权费用则可视为投资组合提供的保险成本。这种综合性的策略允许投资者在风险管理和潜在收益之间取得一种平衡，更加灵活地应对市场的变化。

第四，通过这一案例，我们可以得出结论：投资者在面对市场风险时，通过购买看跌期权等股票期权对冲策略，既能保持投资组合的相对稳定性，又能在一定程度上保留潜在的收益。这种有效性体现在对冲市场下跌风险、保护资产价值方面。同时，这也表明了投资者对于风险管理和资产保值的重视，以及对于期权工具在实现这一目标上的灵活运用。

这一案例为投资者提供了一种可行的风险管理方法，即通过购买看跌期权等股票期权对冲策略，综合考虑市场风险和潜在回报，实现对投资组合的全面管理。这不仅对个体投资者具有指导意义，也为机构投资者和风险管理从业者提供了一种思考和实践的参考。通过深入研究这一案例，可以为更广泛的风险管理实践和学术研究提供有益的启示。

# 第四章 信用风险管理与控制

## 第一节 信用风险的本质与类型

### 一、信用风险定义

信用风险是金融交易中因债务人或对手方未能按时履行合同义务而导致的潜在经济损失。简言之，它涉及债务违约或未能履行合同的风险。信用风险直接影响金融市场的稳定性和投资者的信心，因此对其深入了解是金融从业者和投资者必备的基本素养。

#### （一）信用风险的概述

1. 金融交易中的不确定性

市场参与者在交易和合同中所面临的不确定性构成了信用风险，是金融活动中不可避免的一部分。不确定性的存在使得金融市场成为一个复杂而动态的环境，参与者需要采取相应的风险管理策略。

信用风险是金融交易中一种显著的不确定性形式，指的是债务人或交易对手方未能按时履行合同义务，从而导致潜在的经济损失。这种风险主要涉及交易中的违约风险，即一方未能履行其合同责任。信用风险的产生源于债务人的财务状况恶化、市场环境变化、行业风险等多种原因。对于金融机构和投资者而言，了解和有效管理信用风险至关重要，以确保金融交易的稳健性和可持续性。

信用风险管理涉及对债务人信用状况的评估和监测。金融机构通常会借助信用评级机构的服务，对债务人进行评级，以便更好地了解其信用风险水平。然而，仅仅依赖外部评级并不足以全面了解信用风险，金融机构还需要建立自身的信用评估模型和监测系统。有效的信用风险管理还包括建立适当的信用政策、制定合理的授信标准和采用多元化的风险分散策略。

金融工具的创新和复杂性使信用风险管理面临挑战。许多金融产品和衍生品具有复杂的合同结构和交易特征，这使得评估和管理其信用风险存在困难。市场参与者需要具备足够的专业知识和技能，以理解和应对这些复杂金融工具带来的信用风险。此外，市场的不断演变和创新也意味着信用风险管理需要不断更新和适应，以应对新兴风险。

监管和法规在信用风险管理中扮演着重要角色。金融监管机构通常要求金融机构建立有效的内部控制和风险管理框架，以确保其能够充分识别、测量和监测信用风险。此外，金融法规也规定了一些对冲和保护机制，如信用担保、抵押品要求等，以降低金融市场中信用风险的潜在影响。

2. 金融市场的稳定性与信心

①信用风险对金融市场稳定性的直接影响。信用风险是指债务人或交易对手方未能按时履行合同义务，这一风险的存在直接威胁着金融市场的稳定性。在金融市场中，各类金融产品和交易都伴随着信用风险，如债券、贷款、衍生品等。当债务人违约时，可能引发市场上的恐慌情绪，产生连锁反应，进而影响金融体系的正常运转。

②信用风险的存在对市场参与者的信心产生直接影响。投资者和金融机构参与市场的信心是金融市场运行的基石。一旦信用风险加剧，市场参与者因担心资产贬值、投资损失而感到恐慌，导致抛售潮和市场的异常波动。这种情况不仅会影响金融市场的稳定性，还会引发整个金融体系的不安，产生系统性风险。

③债务违约或合同未能履行引发市场信息不对称问题。一旦市场参与者感知到信用风险上升，他们会更加谨慎，避免交易，导致市场流动性下降。这种信息不对称阻碍了市场的正常运转，使得市场参与者难以准确获取资产价值和市场预期，从而加剧了不确定性。

④深入了解信用风险成为金融从业者和投资者的必备基本素养。在金融领域，理解信用风险的本质、影响因素以及风险管理工具是保障金融市场稳定和可持续发展的关键。金融从业者需要不断学习和更新风险管理知识，以适应市场的变化和创新。投资者则需要通过深入研究投资标的的信用质量和市场环境，以提高对信用风险的敏感性和判断力。

### （二）信用风险的核心概念

1. 未能履行合同的风险

未能履行合同的风险，即信用风险。信用风险的核心在于债务人或交易对手方未能按照合同规定的条件履行其义务，这一情况发生在各类金融交易和商业合同中。无论是贷款合同、信用协议还是其他交易合同，当一方未能如期履行合同义务时，都会导致对方面临经济损失，进而影响整个金融体系和商业生态的正常运转。

未能履行合同的风险主要涉及违约风险。在金融市场中，债务人的违约表现为未能按时还款或未能履行交易协议。这种情况不仅对直接涉及的交易方产生直接影响，还会引发连锁反应，波及其他市场参与者，尤其是那些与违约方有关联的机构和个人。违约风险的存在使得金融市场充满了不确定性，市场参与者需要通过有效的风险管理手段来规避损失。

未能履行合同的风险不仅在金融市场中存在，也贯穿于商业合同和供应链中。在商业领域，供应商、客户或其他合作伙伴未能按照合同规定履行义务对企业的经营产生重大影响。这种影响不仅表现为财务损失，还涉及声誉损害、市场份额下降等多个方面。因此，企业在合同履行过程中必须认真评估和管理未能履行合同的风险，以确保商业活动的顺利进行。

信用风险的评估和管理涉及对债务人或交易对手方信用状况的全面了解。金融机构和企业通常会借助信用评级机构的服务，对债务人进行信用评级。然而，外部评级仅仅是评估信用风险的一部分，金融机构和企业还需要建立自身的信用评估模型，深入挖掘潜在的风险因素。有效的信用风险管理还包括建立合理的信用政策、授信标准和风险分散策略，以最大限度地降低违约风险的发生概率。

未能履行合同的风险不仅是一种经济损失，还会引发法律争端。当合同一方未能履行其责任时，则涉及合同纠纷和法律诉讼。因此，构建合理、清晰的合同条款和有效的争端解决机制也是降低未能履行合同风险的关键一环。

2. 债务违约的影响

债务违约对各方当事人的直接影响。债务违约是信用风险的典型表现，一旦债务人无法按约履行合同，则导致直接涉及的投资者、金融机构等遭受经济损失。这一损失可能来自未能获得应得的本金和利息，也可能涉及其他相关合同的违约责任，导致受害方陷入财务困境。

债务违约对金融机构的影响尤为显著。金融机构通常是债权方，如果债务人违约，金融机构则面临不良资产增加、资产质量下降等问题。这对金融机构的资本充足性、盈利能力和整体经营状况产生负面影响。在极端情况下，多个债务违约会引发金融体系的不稳定，甚至导致系统性金融风险。债务违约的具体影响如下。

①债务违约引发市场的波及效应。一旦有大规模的债务违约发生，市场参与者会缺乏信心，引发市场的恐慌性抛售，进而影响其他相关金融产品的价格。这种波及效应会扩散到整个金融市场，引发市场的异常波动，提高市场的不确

定性。

②债务违约对经济体系产生溢出效应。如果大规模的债务违约导致金融机构陷入困境，它们会减少对实体经济的融资支持，使得企业难以获取融资，制约其投资和发展。这将对经济增长、就业和整体社会稳定产生负面影响。

③债务违约对市场信心产生长期影响。一旦债务违约成为市场的常态，投资者对市场的信心会受到严重侵蚀，导致市场参与者对风险的承受能力下降，投资活动受到抑制。这种长期的信心破裂会影响金融市场的有效运转，制约经济的健康发展。

### （三）信用风险的重要性

1. 金融市场稳定性的关键因素

①信用风险管理对于金融市场稳定性的重要性。信用风险的管理和防范是维护金融市场稳定性的重要因素之一。信用风险涉及债务人未能按时履行合同义务的风险，会对金融机构、投资者和整个市场产生重大影响。通过有效管理信用风险，可以减少潜在的经济损失，降低市场不确定性，有助于维护金融市场的健康运作。

②深入了解债务人的信用状况是有效管理信用风险的关键步骤。金融机构和投资者需要通过对债务人的信用评级、财务状况、经营状况等方面的了解，量化信用风险程度。借助信用评级机构的服务，金融机构可以获取独立的信用评级，但也需要自行建立内部的信用评估模型，以更全面地把握风险。

③制定有效的风险管理策略是维护金融市场稳定性的必要手段。金融机构和投资者可以通过多元化投资组合、设置信用限额、实施有效的监测和报警系统等方式来规避信用风险。此外，建立合理的信用政策和授信标准，强化对潜在风险的防范，对于防止不良资产的增加和维护资产质量至关重要。

④监管机构的重要性。监管机构需要确保金融机构遵守相关法规，建立健全的内部风险管理和控制机制。监管机构还可以通过加强市场监管、提高透明度、发布风险提示等方式，引导市场参与者更加谨慎地对待信用风险，促进市场的健康发展。

⑤加强国际协同合作是维护金融市场稳定性的关键。在全球化的金融市场中，国际金融机构和投资者之间相互关联，国际信用风险传播速度加快。因此，国际监管合作和信息共享对于有效管理信用风险、维护全球金融市场稳定性至关重要。

2. 参与者信心的基础

①市场参与者的信心是金融市场顺畅运作的重要基石，而这一信心的建立主要取决于对市场和交易对手方的信任。通过对信用风险的准确评估和科学管理，市场参与者可以增强信心，促进更多有效的金融交易。

②市场参与者信心建立在对市场透明度和公平性的信任基础上。透明的市场信息和公平的交易规则是确保市场公正运作的关键。投资者需要相信他们能够获取准确、全面的市场信息，并且市场不会偏向某一方。因此，市场监管机构在加强市场监管、提高信息披露透明度方面的作用至关重要。

③对交易对手方的信任是市场参与者信心的另一重要因素。金融市场的参与者包括各种各样的机构和个人，彼此之间的交易和合作需要建立在相互信任的基础上。有效的信用风险管理和对交易对手方信用状况的全面评估有助于减轻市场参与者对于交易风险的担忧，提高他们对市场的信任度。

④金融产品的创新和复杂性也对市场参与者信心构建产生影响。投资者需要理解并信任新型金融产品的运作机制，而这涉及金融机构和市场参与者提供清晰、准确的产品信息，以及对风险的充分披露。通过建立有效的产品监管机制和完善的信息披露制度，市场对新型金融产品的信心大大增强。

⑤市场参与者的信心还与宏观经济环境和政治稳定性密切相关。投资者对国家或地区的宏观经济政策和政治稳定性的信心直接影响其对金融市场的信任度。因此，政府需要通过制定稳健的宏观经济政策、提升治理水平，维护社会的政治和经济稳定，以促进市场参与者信心的稳步增长。

3. 从业者和投资者必备的基本素养

①对信用风险的深入了解是金融从业者和投资者必备的基本素养之一。信用风险是金融市场中不可忽视的一个方面，涉及债务人或交易对手方未能按时履行合同义务的风险。在这一领域，从业者和投资者需要掌握风险的定义、核心概念以及其在金融体系中的重要性。

②理解信用风险的定义是建立基础的重要一步。信用风险是指债务人或交易对手方由于违约或未能按时履行合同义务而导致的经济损失的可能性。这包括无法按时还款、未能履行交易协议等情况。深刻理解信用风险的定义有助于从业者和投资者更全面地认识其潜在影响和应对措施。

③了解信用风险的核心概念是加深专业素养的关键。核心概念包括但不限于信用评级、违约概率、违约风险溢价等。了解这些概念有助于从业者更好地评估债务人的信用状况，准确量化信用风险的程度，并在投资决策中做出明智的

选择。

④认识信用风险在金融体系中的重要性是深入了解金融市场机制的基础。信用风险的存在直接关系到金融体系的稳定性和参与者的信心。金融从业者和投资者需要意识到信用风险对于整个金融生态系统的影响，从而更好地应对和管理潜在的风险。

⑤基于对信用风险的深入了解，金融从业者和投资者需要制定科学合理的风险规避策略和管理策略。这包括建立有效的信用评估体系、制定合理的信用政策、采取多元化投资策略等。通过合理的风险管理，从业者和投资者能够降低不确定性带来的损失，提高投资组合的韧性。

## 二、信用风险类型

### （一）违约风险

违约风险是指借款人未能按合同规定的还款条件偿还借款本金和利息的风险，是信用风险中最直接和常见的类型之一。

1. 不良信用记录

不良信用记录是金融领域中违约风险的先兆之一。随着金融体系的不断发展，借款人的信用记录越来越成为金融机构评估信用风险的重要依据。不良信用记录意味着借款人在过去的信贷历史中存在逾期还款、违约等不良行为，这预示着未来还款能力的降低。金融机构在进行信用评估时通常会深入研究借款人的信用记录，以更全面地了解其信用状况。

过去的信用行为是金融机构判断借款人信用风险的关键因素。不良信用记录包括但不限于逾期还款、违约记录等，这些都反映了借款人在过去未能按时履行合同义务的情况。金融机构通过分析这些信用行为，评估借款人的还款能力和信用可靠性。借款人的信用记录越不良，其信用风险越高，金融机构会采取更谨慎的措施或提高贷款利率以应对潜在风险。

不良信用记录对借款人未来融资成本产生直接影响。金融机构在确定贷款利率时通常会考虑借款人的信用风险水平。具有不良信用记录的借款人被视为高风险客户，金融机构会提高其融资成本，以弥补潜在的违约风险。这意味着借款人需要支付更高的利息，从而影响其利润和还款能力。

不良信用记录的发现需要及时纠正和修复。对于借款人而言，积极采取行动来改善信用记录至关重要。这包括按时还款、与金融机构协商达成重组协议、寻求信用修复服务等。通过积极的信用修复措施，借款人有望逐渐改善其信用状况，减少未来融资成本的上升，并提高获得贷款的机会。

2. 经济不确定性

宏观经济状况的不确定性是导致违约风险的重要因素。经济的不稳定性由多种因素引起，包括全球经济波动、政治事件、自然灾害等。这种不确定性使得金融市场和借款人面临更大的风险，因为经济环境的波动会导致借款人的收入不稳定，增加其违约的潜在可能性。

经济的不稳定性使借款人面临收入下降和失业等风险。在经济不确定时期，企业会受到市场需求减少、成本上升等因素的影响，导致裁员和经济活动减缓。借款人在这种环境中面临失业风险，进而影响其还款能力。此外，不确定性还导致企业减少投资和扩张计划，从而减少对劳动力的需求，影响整体就业水平。

在经济动荡时期，借款人的还款能力受到更大的冲击。不稳定的宏观经济环境会导致借款人在经济压力下难以维持正常的生活水平。这表现为借款人无法按时偿还贷款、利息付款困难等情况。借款人在经济不确定性加剧时更容易陷入财务困境，增加了其违约的风险。

经济不确定性对金融市场整体风险水平产生深远影响。在宏观经济状况不稳定时期，金融市场面临更大的波动性，投资者对市场的信心降低，导致市场的不确定性进一步加剧。这种不确定性在金融市场中表现为股票价格的波动、利率的不确定性、汇率的波动等，从而增加了金融机构的风险敞口，进一步加大了违约风险。

3. 利率风险

利率风险是金融领域中一种重要的风险类型，其主要来源于市场利率的波动。对于借款人而言，利率的上升会导致其借款成本增加，从而直接加重了还款负担，进而增大了违约的风险。这一点对采用浮动利率贷款的借款人产生直接影响，因为其利率与市场利率挂钩，随着市场利率的波动而变化。

市场利率的波动直接影响借款人的还款能力。在市场利率上升的情况下，借款人所支付的利息也随之增加。对于那些采用固定利率贷款的借款人，其还款额固定，但相对而言，在市场利率上升的环境中，其还款负担相对较高。而对于采用浮动利率贷款的借款人，其还款额会直接受到市场利率波动的影响，在短时间内面临还款负担加重的问题。

借款人需要特别关注利率风险的管理。当面对市场利率波动时，借款人可以采取多种措施来管理利率风险。这包括选择固定利率贷款以锁定稳定的还款额，或者通过利率互换等金融工具进行对冲，以降低利率波动对还款能力的冲击。此外，定期评估贷款结构和风险管理策略也是借款人应对利率风险的重要手段。

利率风险的管理对金融机构和投资者同样至关重要。金融机构需要采取有效的对冲策略，以减小利率波动对其盈利和资本状况的影响。投资者也需要充分了解市场利率的走势，调整其投资组合，以适应不同的市场利率环境。

### （二）评级风险

评级风险涉及信用评级的变化，即债务人的信用评级下降会导致投资组合价值的下降。评级机构通过对债务人的财务状况、偿债能力等进行评估，将其划分为不同的信用等级。以下是评级风险的主要特征：

评级下调是指评级机构对债务人信用等级降低，通常反映了债务人的经济状况恶化或其他不利因素的影响。评级机构根据一系列因素，如债务水平、盈利能力、偿债能力等，对债务人进行评估并给予相应的信用评级。一旦债务人的经济状况发生恶化，评级机构会下调其信用等级，从而影响投资者对该债务的信任程度。

评级下调会给投资者带来损失。投资者通常根据信用评级来判断债务工具的风险水平，更低的信用评级意味着更高的违约风险。因此，一旦评级下调，投资者会面临投资组合中相关债务工具价值下降的风险，因为市场对这些债务工具的信任降低，导致其市场价格下跌。这会对投资者的资产价值产生直接负面影响，尤其是那些在评级下调前持有相关债务工具的投资者。

评级下调会引发市场波动。当评级下调发生时，投资者会出现集体性的抛售行为，导致市场价格下跌。这种市场波动会扩散到整个金融系统，引发系统性风险，甚至导致金融市场的不稳定。评级机构对于全球经济体系的重要性，使得其评级下调能够引起广泛关注，对市场情绪产生深远影响。

评级下调也会导致债务人融资成本上升。信用评级的下调通常会被金融机构考虑在内，这会导致债务人在未来融资时面临更高的融资成本。这是因为投资者对降级的债务工具要求更高的回报率，以补偿其面临的更大违约风险。因此，评级下调对债务人的融资能力和成本都会产生不利影响，进而使其陷入财务困境。

# 第二节　信用风险评估与管理模型

## 一、信用评估方法

### （一）定性评估

1. 经营状况的主观判断

定性评估在评估债务人的经营状况时，深入研究企业的经营战略成为关键的一环。专业人员致力于理解企业的战略目标、市场定位以及未来发展方向。这包括对企业目标的明确性、战略规划的合理性以及执行力的评估。企业的战略是否与市场趋势相契合，以及企业是否能够在激烈的市场竞争中保持优势，都是定性评估的关键考量因素。

市场份额是定性评估中的重要指标之一。专业人员会关注企业在其所处行业中的市场份额，以及该份额的变化趋势。高市场份额表明企业在市场上占有较强的地位，但也需要考虑市场份额的可持续性和竞争对手的威胁。通过对市场份额的主观判断，专业人员可以更全面地了解企业在市场中的地位，从而推断其经营状况的稳定性和可持续性。

竞争力是经营状况主观判断中的重要因素。专业人员将评估企业的产品或服务在市场上的独特性、创新性以及与竞争对手相比的优势。这涉及对研发投入、品牌价值、客户忠诚度等方面的主观判断。企业的竞争力直接关系到其长期盈利能力，因此在定性评估中，对企业竞争力的全面分析是至关重要的。

综合考虑行业特性和宏观经济因素。专业人员会深入了解所处行业的特点，包括行业周期、增长趋势、市场结构等。同时，宏观经济因素，如利率水平、通货膨胀率、政策环境等，也会被纳入考虑。这些因素的主观判断将有助于评估企业所面临的外部环境，从而更准确地预测其未来经营状况。

2. 行业前景的评估

①行业前景的评估要对行业的发展趋势进行深入研究。评估人员需要了解当前行业的整体状况，包括市场规模、增长率、创新趋势等方面的信息。通过对这些因素的主观判断，评估人员可以描绘出当前行业的基本面，并推测未来可能的发展方向。

②评估人员需要关注行业的竞争态势。这包括行业内竞争者的数量、市场份额分布、竞争策略等因素。主观判断行业的竞争态势涉及对行业竞争者之间相对实力，以及对竞争格局可能的变化。这有助于评估行业未来的竞争激烈程度，进而预测行业的发展趋势。

③评估人员需要主观判断行业可能面临的风险。这包括产业升级、宏观经济风险、政策风险、技术风险等多方面因素。通过对这些风险的主观评估，评估人员可以更全面地了解行业未来可能面临的不确定性，从而为投资者提供更准确的风险预警。

④主观判断需要基于对未来市场动向的合理猜测。评估人员需要关注行业内外的一系列因素，如科技创新、市场需求变化、政策法规调整等。通过对这些因素的主观分析，评估人员可以提出对行业未来可能发展方向的合理猜测。这种猜测不仅基于对当前信息的理性解读，还涉及一定程度的创造性思考，以更好地捕捉潜在的行业机会和威胁。

3. 管理层素质的评估

①评估管理层的决策能力是定性评估中至关重要的一环。这要求评估人员深入研究管理层的决策过程、方法和对复杂问题的处理能力。这包括对管理层过去的决策记录的回顾，以及对其决策所基于的信息和分析的审查。通过对决策能力的主观评估，评估人员可以了解管理层在面对不同情境时的反应和抉择，从而判断其对企业未来发展的影响。

②评估管理层的风险意识是衡量其素质的关键因素之一。管理层的风险意识直接关系到企业在面临各种不确定性时的抗风险能力。评估人员通过研究管理层在过去如何应对行业波动、市场变化和其他风险事件的方式，来进行主观评估。这包括对管理层是否具备对新兴风险的敏感性和适应性的考察。通过这样的主观评估，评估人员可以判断管理层是否足够警觉，能够有效地应对未来可能的风险。

③审查公司治理结构也是评估管理层素质的一个重要方面。这包括对公司董事会的组成、独立性、运作方式、公司架构的评估，以及对管理层与董事会之间关系的审查。评估人员通过主观判断企业治理结构的有效性，来推断管理层是否受到适当的监督和制衡，从而影响其决策的公正性和透明度。

④对管理层履历的调查是评估管理层素质不可或缺的一部分。评估人员需要关注管理层的学历、从业经验、专业背景等方面的信息，以了解其是否具备推动企业发展所需的专业知识和经验。这也是对管理层是否具备领导力、团队合作和

沟通能力的主观评估。

### （二）定量评估

1. 数据的收集与整理

①数据的收集是定量评估的关键步骤之一。评估人员需要广泛收集债务人相关的数据，其中包括但不限于企业的财务报表、资产负债表、利润表等财务数据。这些数据提供了对债务人经济状况的直观了解，为后续的定量分析奠定了基础。此外，评估人员还收集与债务人相关的宏观经济数据、行业统计以及市场趋势等信息，以更全面地把握债务人所处的环境。

②数据的整理是确保评估的准确性和有效性的重要环节。评估人员需要对收集的大量数据进行清理、分类和整理，以便更好地进行后续的分析。这包括对财务报表进行财务比率计算，对时间序列数据进行趋势分析等。数据整理的过程需要细致入微，以保证评估的数据质量和可靠性。

③评估人员利用统计方法对数据进行定量分析。这包括对财务比率的趋势分析、同比和环比比较等。通过这些定量分析，评估人员可以获取关于债务人财务健康状况、盈利能力、偿债能力等方面的具体数据，有助于形成客观的评估结论。同时，这也能帮助评估人员发现数据中的潜在趋势和规律。

④评估人员需要将收集、整理和分析的数据以清晰而准确的方式呈现。这包括制作图表、报告、可视化工具等，以便将复杂的数据呈现给相关利益方。清晰的数据呈现有助于沟通评估结论，使投资者和其他决策者更容易理解评估的关键信息。

2. 指标和模型的选择

①指标的选择是定量评估的核心，其中包括多个方面的财务比率。资产负债率，即债务与资产的比率，提供了债务人偿还债务的能力信息。流动比率，即流动资产与流动负债的比率，反映了债务人短期偿债能力。毛利率和净利率等指标可以揭示债务人盈利能力。这些指标通过对财务报表的分析，提供了对债务人财务状况的直观认识。

②信用评分模型的选择是定量评估中的重要环节。信用评分模型利用数学和统计方法，通过分析大量的历史数据，建立起衡量信用状况的模型。这包括基于多元统计分析的 Logistic 回归模型、决策树模型等。这些模型对各种指标进行权重分配，以生成一个综合的信用评分。这种模型的优势在于可以处理大量的信息，并将不同的指标综合考虑，提高了评估的客观性和全面性。

③经济增加值（EVA）是一个用于评估企业绩效的指标，也可以用于债务人的定量评估。EVA 考虑了资本成本，通过计算企业的净利润，帮助评估企业是否为投资者创造了经济价值。在债务人评估中，EVA 可以用于衡量企业的盈利能力、资本结构和资本使用效率，提供了一个更全面的财务绩效指标。

④行业比较指标可以评估债务人的相对表现。这包括行业内的平均值、中位数等。与同行业的其他企业相比，债务人的财务表现是否处于相对较好的位置，是一个重要的衡量标准。这种相对性的比较可以弥补绝对数值评估的不足，更好地反映债务人在特定行业中的位置。

3. 量化评估的优势与局限

定量评估的优势主要表现在其客观性和量化的特点。

①通过采用数学模型和各种指标，定量评估能够提供相对客观和精确的信用状况度量。这为投资者、金融机构等决策者提供了更可靠的数据基础，使其能够更全面地了解债务人的财务状况是否健康。

②定量评估通过使用各种财务指标和数学模型，能够对大量数据进行处理和分析。这使得评估人员能够更全面、深入地了解债务人的经济状况，包括盈利能力、偿债能力、流动性等。这种全面性有助于评估人员制定更精准的投资决策和风险管理策略。

③定量评估可以通过建立模型，实现对未来的预测。通过分析历史数据和趋势，模型可以预测债务人未来的财务表现。这对投资者来说是一项有价值的工具，可以帮助其更好地规避和调整投资组合，以适应不断变化的市场环境。

④定量评估面临一系列的局限性。首先，模型局限性会导致评估结果的不准确。模型的建立通常基于历史数据和假设，对未来的变化和不确定性难以准确预测。这使得评估人员需要在使用定量评估结果时保持谨慎，并结合其他信息进行判断。

⑤定量评估依赖于可获得的数据，数据的质量和真实性对评估结果产生重要影响。如果债务人提供的数据不完整或存在误导性，将影响模型的准确性。评估人员需要在使用数据时警惕潜在的问题，并进行数据验证和校准。

⑥定量评估无法全面考虑所有的情境和风险因素。特别是在经济环境动荡或出现非预期事件时，模型无法准确预测债务人的表现。因此，投资者和评估人员需要综合考虑定量评估结果与其他定性信息，形成更全面的判断。

## 二、信用风险管理模型

### （一）基于历史数据的模型

违约概率模型是一种基于历史数据的模型，其核心目标是通过分析过去的违约事件，构建数学模型来预测债务人未来的违约概率。在此模型中，以下方面需要被深入考虑：

1. 历史违约数据分析

通过对历史违约数据的深入分析，模型能够识别出导致违约出现的共同特征和潜在因素。这是因为历史违约数据记录了债务人在过去未能按时履行合同义务的情况。

①行业是影响违约的重要因素之一。通过对历史违约数据进行行业分析，可以发现某些行业更容易受到经济波动和市场变化的影响，从而增加违约的可能性。行业的特殊性、竞争程度以及市场供需状况都会对违约产生影响。模型可以利用这些发现来加强对不同行业违约概率的预测。

②宏观经济状况对违约有直接影响。在经济繁荣时期，企业更有可能偿还债务，而在经济衰退时期，违约的风险显著增加。通过对历史违约数据中宏观经济因素的分析，模型可以捕捉经济周期对违约的影响，进而提高对未来违约概率的预测准确性。

③利率变化也是一个重要的分析维度。历史数据可以揭示在不同利率环境下，债务人的还款能力和借款成本的变化。模型可以借助这些历史数据，对不同利率水平下的违约概率进行建模，为未来利率变动提供预测依据。

④通过历史违约数据的分析，模型可以识别出与债务人相关的特定变量，如财务比率、流动性指标、企业规模等。这些变量的分析有助于建立更精准的违约概率模型，使其更好地反映债务人的真实信用状况。

2. 市场数据的整合

①市场数据的整合为信用评估模型提供了更全面的信息基础。股票价格是市场上对公司价值的一种反映，而债券利率则直接影响企业的融资成本。通过将这些市场数据整合到信用评估模型中，我们能够更全面地了解债务人的经济环境和市场关联性。

②股票价格是衡量市场对公司未来盈利能力和业务前景的一项重要指标。通过观察债务人的股票价格走势，模型可以捕捉市场对该公司的信心水平。如果股票价格持续走高，则表明市场对公司未来业绩持乐观态度，反之，则暗示市场

担忧。这种市场反馈的整合有助于模型更加灵敏地反映市场对债务人信用状况的看法。

③债券利率是企业融资成本的体现，也是市场对债务人信用风险的一种定价。高风险债券通常有较高的利率，而低风险债券的利率相对较低。通过整合债券利率数据，模型可以更准确地评估市场对债务人信用风险的定价情况，进而提高对违约概率的准确预测能力。

④市场数据的整合也能够帮助模型识别出市场因素对债务人的影响。例如，某些行业受宏观经济波动的影响，而另一些行业则受利率变化的影响。通过深入挖掘市场数据，模型可以更好地理解不同市场因素如何影响债务人的信用状况，从而更准确地预测违约概率。

⑤市场数据的整合为模型提供了一个动态的信息流。市场瞬息万变，及时更新的市场数据可以使模型更具实时性，更好地适应快速变化的市场环境。这种整合不仅有助于提高模型的预测准确性，还能使其更具应对市场波动的能力。

3. 模型评估与调整

①模型评估是建立后的概率违约（PD）模型必不可少的一步。评估的目的在于验证模型的准确性、稳健性和有效性。这一过程通常包括两个主要方面：模型验证和回溯测试。

模型验证是通过使用独立的数据集或者拆分出的验证集来检验模型的性能。

第一，我们需要将模型应用于验证集，比较模型的预测值与实际违约情况之间的一致性。这可以通过各种统计指标来衡量，如准确率、召回率、F1 分数等。此外，对模型的预测进行校准性检验也是模型验证的一部分，以确保模型的概率预测与实际违约概率一致。如果模型在验证阶段表现出色，那么可以认为它具有一定的预测能力。

第二，回溯测试是通过将模型应用于过去的数据，以模拟实际应用情境，并评估其在历史时期的表现。回溯测试的关键在于使用模型在某一时间点的参数，对过去的数据进行模拟，然后比较模拟结果与实际结果。这有助于发现模型在历史数据中的缺点和局限性。如果模型在回溯测试中表现稳健，则说明它在过去的市场条件下能够提供可靠的违约概率预测。

②一旦模型评估揭示了模型的弱点和不足，就需要进行模型调整。这涉及改进模型的特征选择，调整模型的参数，或者采用更合理的建模方法。调整模型的过程需要谨慎，以确保改变不会引起过度拟合或者其他问题。通常而言，模型的调整需要经过多轮的验证和测试，以确保模型在新的参数设置下依然保持良好的

性能。

③稳健性是模型评估和调整的最终目标。一个稳健的 PD 模型应该能够在不同市场条件下保持较好的预测性能，而不仅仅在模型建立时期。因此，评估和调整是一个持续循环的过程，随着市场和数据的变化，模型需要不断地进行更新和优化，以确保其持续有效。

在金融领域，尤其是在信用风险评估中，建立一个可靠的 PD 模型对于保持风险管理的有效性至关重要。通过严格的模型评估和调整，机构可以更好地理解其客户的信用状况，提高违约概率的预测准确性，从而更有效地应对风险。

### （二）结构性模型

结构性模型是另一类信用风险管理模型，其中 Merton 模型是典型代表。该模型基于债务人的资产价值和债务价值之间的关系，通过计算违约的可能性和损失的大小来评估信用风险。深入讨论如下：

1. 资产和债务关系

Merton 模型是一种用于评估债务人违约风险的金融模型，其核心思想是通过分析债务人的资产负债表，量化资产价值与债务价值之间的关系，从而为未来违约概率的计算提供了理论基础。该模型由经济学家罗伯特·莫顿（Robert C. Merton）于 1974 年提出，被广泛应用于金融领域，尤其是在信用风险管理中。

Merton 模型的核心假设是债务人的资产价值与债务价值之间存在一种随机关系。具体而言，模型假设资产价值服从几何布朗运动，而债务价值是资产价值的确定性函数。这种关系的数学表达形式为：

$$V_t = B_t + E_t \tag{4-1}$$

其中，$V_t$ 表示债务人在时间 $t$ 的总资产价值，$B_t$ 表示债务价值，$E_t$ 表示资产价值的波动部分。通过这个关系，Merton 模型将债务人的违约定义为资产价值低于债务价值。

模型对资产价值的波动部分 $E_t$ 进行了数学上的建模，通常假设其满足几何布朗运动或扩散过程。这使得模型能够考虑资产价值的不确定性，从而更准确地反映实际市场情况。模型的一个重要参数是资产的波动率，该参数表示资产价值的波动程度，对于评估债务人的违约概率产生重要影响。

Merton 模型的应用通常包括对债务人资产价值和债务价值的定量估计。这可以通过对公司财务报表、市场数据以及相关经济指标的分析来实现。在模型中，资产价值与负债价值的比率被称为资产负债率，该比率直接影响了未来违约的概率。通过对历史数据和市场条件的分析，可以估计出资产和债务之间的关系，为模型提供输入参数。

2. 违约损失计算

Merton 模型在评估信用风险时的独特之处在于它不仅考虑违约的概率，还专注于在违约发生时的损失大小。这使得模型能够提供更细致的定量分析，帮助金融从业者更全面地理解债务人面临的风险，并为风险管理提供有力的支持。

为了计算违约损失，Merton 模型通过比较资产价值和债务价值的关系来确定违约的发生。在模型中，违约发生的条件是资产价值小于债务价值。当这一条件得到满足时，债务人被认为违约，而违约损失即为债务价值减去资产价值。这一损失计算方式提供了对于违约情景的具体量化，为风险管理决策提供了更直观的信息。

Merton 模型的损失计算对于不同市场条件和债务人特征的变化具有敏感性。通过考虑资产价值和债务价值的动态变化，模型能够更准确地反映市场波动对违约损失的影响。这使得金融从业者能够在不同情境下进行风险分析，有助于制定更灵活和有效的对冲策略。

Merton 模型的细致定量分析为金融机构和投资者提供了一种更全面的信用风险评估方法。通过结合违约概率和违约损失的计算，模型为决策者提供了更深入的洞察力，使其能够更好地理解和管理信用风险。

3. 模型的适用性与挑战

Merton 模型的适用性体现在，第一，其能够提供对信用风险的定量分析。该模型基于债务人的资产和债务关系，通过比较资产价值和债务价值的动态变化来评估违约概率和损失大小。正常市场条件下，Merton 模型能够较为准确地反映债务人面临的风险情况，为金融从业者提供一种有力的风险分析工具。第二，Merton 模型适用于不同行业和市场条件，因为它的核心原理是基于债务人资产和债务之间的关系。这种通用性使得模型可以在各种经济环境下应用，为不同类型的债务人提供信用风险评估。此外，模型的动态性能够反映市场的波动，使其更具弹性，适应不同情境的变化。第三，Merton 模型在解释违约概率和损失方面具有透明性。模型通过考虑资产和债务之间的关系，使得模型的结果更直观和可解释。这有助于金融从业者更好地理解模型的输出，从而更有信心地做出风险管理决策。

Merton 模型也面临一些挑战和局限性。第一，模型对市场条件的敏感性导致在极端情况下的表现不稳定。在极端的市场波动或金融危机中，模型无法准确捕捉到复杂的市场动态，从而影响其预测的准确性。第二，Merton 模型对债务人资产价值和债务价值的假设过于简化。模型假设这两者之间存在线性关系，这在某些情况下不够准确。特定行业、公司治理结构的差异以及资产负债表的变化都会影响模型的适用性。第三，Merton 模型并未考虑到市场的非理性行为和信息不对称等因素，这使得模型在实际应用中受到局限。投资者行为的不确定性和市场预期的变化超出了模型所能涵盖的范围。

# 第三节　信用风险管理的实践与应对策略

## 一、信用风险管理的实践

### （一）建立有效的信用风险管理体系

建立一个有效的信用风险管理体系被认为是重要的一步。这包括：

1. 内部管理制度

在建立内部管理制度时，必须确保公司内部有明确的责任分工。这包括：

（1）信用风险管理团队的设立

设立专门的信用风险管理团队，由具有丰富经验的专业人员组成。这个团队负责制定和执行信用风险管理策略，确保公司对信用风险的全面把控。

（2）相关部门的协同合作

明确其他相关部门在信用风险管理中的角色和职责，确保各部门密切协作。这包括财务部门、风险管理部门，以及与客户关系紧密相关的业务部门。

（3）沟通和培训机制

建立有效的沟通机制和培训计划，确保各相关部门都了解其在信用风险管理中的具体职责。这有助于提高整个公司对信用风险的敏感度和应对能力。

2. 监测机制

建立强大的监测机制是确保公司有效管理信用风险的重要组成部分。这包括：

（1）采用先进技术工具

引入先进的技术工具，如人工智能和大数据分析，以实时监测债务人的信用状况。这有助于公司更全面、准确、及时的挖掘到相关数据。

（2）建立数据分析团队

组建专业的数据分析团队，负责对大量数据进行深度分析。通过对数据的挖掘，公司可以更准确地评估债务人的信用风险，提高预测的准确性。

（3）制定监测指标和预警机制

制定科学合理的监测指标和预警机制，建立监测的定量标准。这有助于公司及时发现信用状况的异常波动，采取措施降低潜在的风险。

## （二）多元化投资组合

1. 多元化的背景和原则

多元化投资组合是一种通过分散投资，避免对特定类型资产、行业或公司过度依赖的策略。这反映了对风险的认真考量和对市场波动的预见。其核心原则包括：

（1）降低集中风险

避免过度集中在某一特定行业或公司，以减少整体投资组合受到单一风险因素影响的可能性。

（2）提高整体抗风险能力

多元化有助于提高整体投资组合的抗风险能力，因为不同资产之间的表现在不同市场环境下存在差异。

（3）平衡收益和风险

在不同类型资产之间分配资金，平衡收益和风险之间的关系，在实现收益最大化的同时降低整体风险水平。

2. 多元化的实施方式

在实践中，多元化投资组合可以通过以下方式实施：

（1）跨行业分散

将资金分配到不同行业，确保投资组合涵盖多个经济部门。这样，当某一行业出现问题时，其他行业不会因受到波及而造成损失。

（2）跨资产类别分散

投资包括股票、债券、房地产等不同资产类别，以降低对某一资产类别的过度依赖。这有助于在市场波动中保持投资组合的稳定性。

（3）地理位置分散

在不同地理区域进行投资，避免对单一地区的依赖。这可以减小地区性的经济或政治风险。

3. 多元化的优势和挑战

（1）优势

降低系统性风险：多元化可以降低整体投资组合受到市场整体波动的影响，

减小系统性风险。

提高长期收益：通过不同资产的表现差异，有望在长期内实现更稳定和可观的收益。

（2）挑战

难以完全消除特定风险：尽管多元化降低了某些特定风险，但并不能完全消除所有市场风险。

需要更多监测和管理：维护多元化投资组合需要更多的监测和管理，确保各个部分的表现与整体策略相一致。

多元化投资在未来仍然是有效的风险管理策略。随着全球经济的不断变化，投资者将继续寻求在不同资产和地区分散投资，以适应复杂多变的市场环境。这需要更加智能和创新的投资战略，以应对新的挑战和机遇。

## 二、应对策略与控制手段

### （一）风险转移

风险转移是一种常见的信用风险管理策略，旨在通过利用金融工具将一部分信用风险转移到其他机构，从而降低公司直接承担的风险。

1. 购买信用衍生品或保险

（1）信用衍生品

信用违约互换（CDS）是一种广泛应用的信用衍生品，公司可以通过购买CDS来对冲特定债务人违约的风险。CDS是一种合约，由买方支付保费，以换取卖方在特定债务人违约时支付一定金额的承诺。这为公司提供了一种有效的风险转移工具，用于管理和降低由于特定债务人违约而导致的潜在损失。

CDS的应用不仅限于降低损失，还涉及对整个投资组合的风险管理。公司持有多种有价证券，涉及不同公司和行业。通过购买CDS，公司可以对整个债务组合进行保险，确保在其中任何一家债务人违约时都能得到一定的赔偿。这种全局性的风险管理策略有助于提高整体的信用质量和投资组合的稳健性。

CDS的市场流动性使其成为一种相对灵活的工具。公司可以根据自身的风险偏好和投资组合的特点，选择购买不同期限和不同发行人的CDS。这种灵活性为公司提供了更多选择，以满足其具体的风险管理需求。

CDS市场还为投资者提供了获取对特定债务人信用状况信息的途径。CDS价格的波动可以反映市场对特定债务人违约概率的看法，为公司提供了一个监测市场情绪和风险预期的指标。这种信息获取有助于公司更及时地调整其风险管理策略。然而，需要注意的是，CDS 并非完美的风险管理工具，也存在一些挑战和争议。一是，CDS 市场本身受到流动性问题的影响，尤其是在市场动荡时期。二是，CDS 的定价和市场参与者之间存在信息不对称，从而导致市场扭曲和操纵。

购买 CDS 会涉及一定的成本，包括保费支付和交易费用。公司需要权衡购买 CDS 的成本与其提供的保护和对冲之间的效益关系，确保其风险管理策略是经济合理的。

（2）信用保险

信用保险是一种企业可以采用的有效工具，用于管理和减小由债务人违约导致的信用风险。这种保险形式类似于其他财产保险，但专注于覆盖与债务交易相关的潜在损失。公司购买信用保险后，保险公司将对特定债务人违约的风险承担一定责任，从而提供一种外部支持，以减小公司可能面临的财务损失。

信用保险的应用范围广泛，不仅覆盖贸易债务，还包括债券、贷款和其他债务工具。这使得公司能够在多个方面保护其信用头寸，降低由于债务人违约而带来的不确定性。

信用保险通常为公司提供了一定的定制化选择。公司可以根据其特定的业务需求和风险偏好，选择购买不同种类和金额的信用保险。这种定制化的选择有助于公司更好地满足其个性化的风险管理需求。

信用保险还可以为公司提供其他附加价值，如更好的融资条件。拥有信用保险支持的企业在与金融机构谈判融资时，更容易获得有利的条件，因为保险提供了一定的信用保障，降低了金融机构的风险。然而，需要注意的是，信用保险并非完全解决信用风险的方法。购买信用保险涉及一定的成本，包括保费和可能的自付额。公司需要仔细权衡保险成本与其提供的保障和对冲效益之间的关系，确保其是经济合理的。

信用保险合同的具体条款和条件会对公司的赔偿产生影响。公司在购买信用保险前应仔细审查合同，了解其限制和除外条款，以确保符合公司的期望和需求。

2.优势和挑战

（1）优势

风险转移可以帮助公司降低直接承担的风险，提供额外的保护。这种策略有助于平衡风险和收益，使公司能够更好地应对不可预测的信用事件。

（2）挑战

需要谨慎选择合适的信用衍生品或保险产品，并考虑相关成本。此外，市场波动和信用评级变化会影响这些工具的效果，需要及时调整。

### （二）及时调整投资组合

及时调整投资组合是一项重要的应对策略，涉及根据市场变化和信用评级的变化，调整投资组合，以确保整体信用质量。

1. 根据市场变化调整

①公司在制定和执行投资策略时需要首先密切关注宏观经济趋势。宏观经济因素，如国内生产总值（GDP）、通货膨胀率和就业数据等，对整体市场和不同行业的表现产生深远影响。通过及时获取并分析这些数据，公司能够更准确地把握市场的整体方向，为调整投资组合提供基础。

②利率水平是另一个需要公司关注的重要因素。利率的变化直接影响债券等固定收益工具的价格和收益率。当利率上升时，债券价格下跌，当利率下降时，则提高债券价格。因此，公司需要在不同利率环境下审慎评估其债券投资，并根据市场变化做出相应调整。

③公司应该考虑行业和资产的特定因素。不同行业和资产类别在不同市场环境下表现差异明显。例如，某些行业在经济增长期表现强劲，而在衰退期受到较大冲击。通过深入研究不同行业的基本面和市场前景，公司需要有针对性地调整其投资组合，以适应市场的变化。

④公司需要重视全球化和国际市场的影响。全球化趋势意味着国际市场之间的相互联系越来越密切，跨国公司面临来自全球范围的市场变化。因此，公司需要考虑全球宏观经济趋势、汇率波动等因素，以更全面地评估市场环境。

⑤在调整投资组合时，公司应该根据其风险偏好和投资目标明确制定调整策略。这包括增减特定资产类别的权重、选择不同的行业或部门，优化固定收益和权益资产的比例。在确保风险控制的前提下，灵活应对市场变化，以提高整体投资组合的抗风险能力。

2. 根据信用评级变化调整

公司在投资组合管理中应当首先建立健全的信用评级监测体系。这包括定期获取和分析各个债务人的信用评级报告，利用多种信息源进行全面的评估。通过建立有效的监测机制，公司能够及时察觉信用评级变化，从而采取及时的应对措施。

对于信用评级下调的债务人，公司需要及时调整其投资组合。降低与低信用评级债务人的关联，包括减少相应债券或贷款的持仓，以及调整投资组合的结构。公司可以考虑将资金重新配置到信用评级较高或更稳健的资产中，以保护投资组合的整体质量。

公司应当审慎评估对于信用评级变化的反应策略。具体而言，需要考虑变化的评级对投资组合的整体影响，并确定是否需要进行大规模的资产调整。在此过程中，公司需要权衡潜在的损失和收益，制定符合其风险承受能力和长期投资目标的调整计划。

公司应该定期进行投资组合审查，不仅关注信用评级的变化，还要考虑宏观经济趋势、行业发展等因素，以形成更全面的风险认知。

# 第五章　操作风险管理与防范

## 第一节　操作风险的识别与评估

### 一、操作风险定义

操作风险是指投资者在金融市场中进行交易时由于内部流程、系统、人为疏忽等原因导致的投资组织或个人遭受潜在损失。操作风险不仅包括直接的财务损失，还包括声誉损害、法规遵从性问题等方面。

操作风险的来源多种多样。内部流程缺陷、技术系统故障、员工疏忽等都会成为操作风险的根源。在此背景下，企业需要实施有效的风险评估和监测体系，以及建立健全的内部控制机制，从而在源头上降低操作风险的发生概率。

组织在面对操作风险时，应当采用灵活、创新的方法，以适应不断变化的商业环境。这不仅要关注财务方面的风险，还要关注在数字化时代涌现的新型风险，如信息安全风险、数据隐私风险等。通过引入新技术和创新的风险管理方法，企业可以更好地应对当今复杂多变的商业风险。

操作风险对客户关系的影响是多元化的。一方面，操作风险导致服务中断、信息泄露等问题，降低客户对企业的满意度和忠诚度；另一方面，通过积极、透明地处理操作风险事件，企业有机会通过危机管理建立良好的客户关系。因此，企业需要在处理操作风险时注重客户沟通和关怀，以最大限度保持和发展客户关系。

最后，有效的操作风险管理需要建立在强化组织文化和员工素养的基础上。通过培训员工、强化内部合规文化，企业可以提高员工对操作风险的认识和理解，从而降低因人为因素导致的操作风险发生概率。同时，建设有利于识别和管理风险的企业文化也是确保操作风险受控的关键一环。

## 二、识别与评估方法

### （一）风险识别方法

1. 流程分析

流程分析是一种深入挖掘关键业务流程的方法，以全面了解每个步骤的执行情况。这种方法的首要步骤是对整个业务流程进行详尽的调查和观察。通过深入了解业务操作的具体细节，从输入、处理到输出，分析人员能够全面了解业务的运作机制。

流程分析强调对每个步骤的细致观察。这包括对流程中涉及的各个环节、人员、系统和数据的详细了解。通过细致观察，分析人员能够捕捉到存在的问题、瓶颈或漏洞，从而有助于在早期阶段识别和解决潜在的操作风险点。

流程分析注重整体业务流程的连贯性。分析人员不仅要关注各个步骤的执行情况，还需要考虑这些步骤之间的关联和依赖关系。这种全局观的分析有助于识别业务流程中存在的交叉风险和系统性问题。

流程分析的目标是找出潜在的操作风险点。这包括但不限于流程中的错误、延误、冗余、依赖性过高等问题。识别这些风险点后，企业可以有针对性地采取措施，提高业务流程的效率和安全性。

2. 事件分析

事件分析是一种基于历史数据和案例的深入研究方法，用于详细分析过去发生的操作失误或事故。这种分析的目的在于从过去的经验中吸取教训，以便更好地了解和管理潜在的操作风险。通过详尽的事件分析，组织能够深入了解事故的发生原因、漏洞以及改进点。

事件分析利用历史数据和案例作为研究对象。这包括过去的操作事故、失误事件，以及由此引发的经济损失、声誉损害等。通过对这些案例的细致研究，分析人员可以识别出事件发生的背后原因，理解导致问题的内在机制，为制定风险管理策略提供深刻见解。

事件分析的过程包括对事故经过的详细还原。这包括事故发生前的准备、事故发生时的情境、相关人员的行为以及事故发生后的应对措施等。通过对整个事件链的还原，分析人员能够识别出导致事故的关键节点，为今后的风险预防提供有效的经验教训。

事件分析的成果为未来的风险评估提供宝贵参考。通过总结历史案例，组织可以更好地了解可能出现的操作风险类型、常见的漏洞和问题，从而在未来的运营中更加谨慎地预防和处理潜在风险。这种经验的积累有助于提高组织的风险识别和管理能力，促使组织更稳健地运营。

3. 专家咨询

专家咨询是一种有利的操作风险识别方法，通过引入内外部专业人士，充分利用其经验和知识，从而更全面地了解潜在的操作风险。专家咨询不仅能够帮助团队深入了解复杂的操作环境，还能够识别那些在常规分析中难以察觉的风险，为组织提供更全面、深入的风险认知。

内外部专业人士的参与丰富了风险识别的维度。内部专家通常对组织的业务运作、内部流程、系统架构等有深入了解，能够提供实际操作层面的见解。而外部专家拥有跨行业、跨领域的经验，能够带来新的视角和创新思维。通过将这两类专业人士结合起来，组织能够更全面地审视潜在的风险来源，从而更好地准备和应对各种潜在风险。

专家咨询涵盖了多个方面的专业知识。风险识别过程涉及财务专家、技术专家、合规专家等多个领域的专业人士。这样的综合专业知识覆盖，有助于团队更全面地了解影响业务的各种风险因素，以及它们之间的相互关系。这种综合性的专业咨询有助于建立全面的风险框架，更好地找到潜在风险并了解潜在风险的综合影响。

专家咨询为团队提供了一次知识共享和学习的机会。通过专家与团队的互动，团队成员有机会吸取专业经验，学习先进的管理方法和工具。这种知识的传递和共享有助于团队提升风险管理的整体水平，使其更为敏锐地察觉和应对潜在的操作风险。

### （二）风险评估方法

1. 风险矩阵

风险矩阵是一种有效的操作风险评估工具，通过对各种操作风险进行定性和定量的评估，有助于组织更全面、系统地认知潜在风险。该矩阵明确了风险的两个关键要素：发生概率和影响程度。

风险矩阵通过对每种风险的发生概率和影响程度进行划分，使得风险的重要性更加明确。影响程度的划分包括财务损失、声誉损害、法规合规性问题等多个方面，而发生概率则关注风险事件发生的可能性。通过将这两个维度结合起来，形成矩阵，可以将各种风险划分为高、中、低等级别，为组织提供了针对性风险管理方向。

风险矩阵的定量评估为组织提供了量化风险的手段。通过赋予每个风险事件相应的权重，可以计算出每个风险的总体分数。这有助于组织在有限资源下更有效地制定风险管理策略，优先处理那些对业务影响最大、发生可能性最高的风险。

风险矩阵在风险沟通和决策中发挥重要作用。通过将风险以矩阵的形式呈现，不仅方便了各级管理层对风险的理解，也为决策提供了清晰的基础。管理层可以更直观地了解哪些风险需要更紧急地应对，以及在有限资源下如何进行有效的风险管理。

2.风险指标

风险指标的设计和应用对于组织有效监测关键业务绩效至关重要。通过精心设计的风险指标，组织可以更全面地了解业务运营中的潜在操作风险。这包括但不限于内部流程、系统缺陷、人为疏忽等因素。这些指标的设定需要考虑到业务的特定性，能够真实反映组织的运营状况。

风险指标的应用有助于实现对关键业务绩效的及时监测。通过设定敏感而具体的风险指标，组织能够在风险发生的早期阶段捕捉异常情况。这种及时性的监测可以使组织更加敏锐地察觉潜在的操作风险，从而在风险进一步发展之前迅速采取针对性措施。

风险指标的应用有助于对潜在操作风险进行准确评估。通过分析风险指标的数据，组织可以量化风险的发生概率和对业务的影响程度。这种定量评估为组织提供了更具体的信息，使其能够更好地了解潜在风险的本质和重要性。

风险指标的应用为组织提供了一个全面的风险管理框架。通过监测不同层面的风险指标，组织可以形成一个全景式的风险管理视图。这使得管理层能够更好地理解组织内部流程的健康状况，并更加全面地制定和实施风险管理策略。

3.压力测试

压力测试是指将整个金融机构或资产组合置于主观想象的极端市场下，测试其表现情况。压力测试作为一种风险管理工具，在业务流程中的应用具有重要意义。通过对业务系统、流程和人员的应对能力进行模拟，可以全面而深入地评估组织在各种极端情况下的稳健性。这种方法提供了实际可行的数据支持，帮助组织更全面地了解在压力下可能出现的问题。

压力测试能够从多个维度评估系统和人员的应对能力。在业务流程中引入各种压力情境，如高负荷运转、系统故障、人员疏忽等，组织可以发现漏洞和风险点。通过对这些情境的模拟，组织可以识别在紧急情况下出现的问题，从而有针对性地制定风险缓解策略。

压力测试提供了有力的风险评估工具。通过模拟实际场景中的极端情况，可以定量地测量系统和人员在面对不同压力水平时的表现。这种定量的评估为组织提供了更客观的数据，有助于准确判断潜在的操作风险和其可能带来的经济损失。

压力测试的应用有助于增强组织的风险防范意识。通过在业务流程中引入压力测试，组织可以更加敏感地察觉可能的风险，并在事前采取相应的措施，以降低风险的概率和影响程度。这种前瞻性的风险管理方法有助于组织更好地应对未来的不确定性。

## 第二节　操作风险控制与监管机制

### 一、控制操作风险的方法

#### （一）建立健全的内部控制体系

1. 流程规范

公司应该确保建立明确而细致的操作流程和规范。这涉及对关键业务流程进行全面的梳理和详细的描述，以确保每个步骤都得到准确而清晰的规定。这样的明确性有助于员工理解并遵循规定的工作程序，从而在执行任务时能够按照事先规定的步骤进行操作。

规范的制定应该包括对关键业务流程中的关键步骤进行详尽的说明。这涉及对任务执行的每一个环节都进行明确的界定，以及对员工在每一步骤中应当注意的事项进行具体规定。通过这样的规范，公司可以确保在操作过程中不会出现混乱或遗漏，从而有效地降低操作风险。

规范的制定需要考虑到业务流程中的变化和复杂性。不同的业务流程存在不同的特点和风险点，因此，规范应该根据具体业务的实际情况进行定制。这有助于制定更为实用和贴近实际操作的规范，提高员工对规范的遵循度。

规范的制定需要与员工的培训和教育相结合。公司应该通过培训活动向员工传达规范的内容和重要性，确保员工具备执行规范所需的知识和技能。这有助于更好地贯彻执行规范，最大限度地减少由于操作不规范而引起的潜在风险。

2. 权限管理

①适当的权限管理是公司内部风险管理的基础。通过设定不同的权限层级，

可以确保员工只能够访问其工作职责所需的系统和信息，从而避免未经授权人员接触到关键信息造成系统的风险。这种权限的层级设定需要根据员工的职责和工作需求进行精准划分，以确保每位员工都能够获得必要的权限，不会拥有超出其职责范围的权限。

②权限管理应该重点关注关键系统和流程。公司可以对涉及关键信息和业务流程的系统进行细致的权限划分，确保只有经过审批的员工能够访问这些系统。这有助于有效减小潜在的风险，防止关键系统被未经授权的人员滥用，从而提高公司的信息安全水平。

③权限管理需要与员工的离职流程相结合。在员工离职时，公司应迅速撤销其在系统中的权限，防止离职员工在离开后仍能访问关键信息。这有助于保障公司敏感信息的安全性。

④权限管理需要定期审查和更新。由于员工职责随时间而变化，公司应定期审查员工的权限，确保其权限仍然符合其工作职责，避免因权限过大或过小而引发潜在的风险。这种定期审查和更新的机制有助于公司更灵活地应对内部变化，提高权限管理的实效性。

3. 内部审计

建立定期的内部审计机制是公司内部风险管理的一项重要措施。通过定期对业务流程进行审计，公司能够全面检查其合规性和有效性，识别潜在的操作风险并评估内部控制的实际效果。内部审计的周期性可以确保公司在不同时间点都能够对业务运作进行全面的审查，发现并解决问题，确保业务流程的合规性和有效性。

内部审计可以帮助公司及时纠正存在的问题。通过审计过程中发现的潜在风险和内部控制缺陷，公司能够采取及时的纠正措施，避免问题进一步扩大化。这种快速响应的机制有助于降低潜在的经济损失，维护公司的经济稳定性。

内部审计是确保业务正常运作的一项保障。通过审计的结果，公司能够了解业务流程中存在的问题和潜在的风险，有针对性地改进内部控制措施，提高业务运作效率和安全性。这有助于公司适应市场变化，保障公司业务的正常运作。

内部审计不仅关注合规性，还注重业务流程的有效性。审计人员通过对业务流程的深入了解和分析，能够为公司提供改进业务运作的建议，优化内部流程，提高整体效益。

### （二）技术防范手段

1. 智能监控系统

①引入智能监控系统是公司内部操作风险管理与防范的一项先进措施。这种系统利用先进的数据分析和算法技术，对公司内部的操作行为进行实时监测和分析。通过对员工操作的精准识别，智能监控系统能够及时发现对的操作问题，例如异常的数据访问、频繁的系统登录等，有助于公司提高对风险的敏感性。

②智能监控系统能够实现对员工操作的全面监测。与传统的手动监测相比，智能监控系统可以覆盖更广泛的操作范围，实时捕捉潜在风险，确保对公司内部操作的全面把控。这种全面性的监测有助于发现隐藏在大量数据背后的异常行为，提高风险检测的准确性。

③智能监控系统通过数据分析和算法，能够对异常行为进行精细化的识别。这意味着系统可以根据公司特定的业务情境，定制化监测规则，更准确地识别潜在风险。系统能够学习和适应公司的操作模式，不断提升对异常操作的辨识水平，降低误报率，确保公司能够更有效地应对真正的操作风险。

④智能监控系统的实时性和迅速应对风险的能力，有助于公司在风险发生时迅速采取行动。通过自动触发预警机制，公司可以立即对发现的异常行为做出反应，采取适当措施，降低潜在的经济损失。

2. 安全技术

①公司可以采用先进的网络安全技术，将其作为关键的操作风险管理手段。这一策略的首要目标是确保关键系统和数据库免受各种形式的恶意攻击。为达到这一目的，公司可引入防火墙、入侵检测系统（IDS）和数据加密技术等高效工具。

②防火墙是网络安全的第一道防线。它通过监控、过滤和控制进出网络的数据流，以防范未经授权的访问。配置强大的防火墙有助于减轻公司面临的外部威胁，确保关键系统得以有效保护。防火墙技术的应用可以视作公司在网络层面建立的坚实基础，为安全操作提供了可靠保障。

③ IDS 是网络安全的重要组成部分。IDS 能够监视网络或系统中的异常活动，并在检测到潜在威胁时发出警报。通过实时监测网络流量和系统活动，IDS 有助于及早发现并应对潜在的攻击，提高操作风险管理的敏感性和效果。

④数据加密技术是一种有效的手段，可用于保护公司的敏感信息。通过对数据进行加密，即使在数据传输或存储过程中发生泄露，未授权的用户也难以窃取敏感信息。这种安全技术的应用为公司提供了额外的安全层面，降低了数据泄露

和信息篡改的风险。

⑤在整个安全技术的部署过程中，员工培训和意识提升也是不可忽视的环节。公司需要确保员工了解并遵守公司安全政策，以充分利用这些先进技术手段，并减小因人为疏忽而导致的操作风险。

## 二、监管机制对操作风险的要求

### （一）合规性要求

1. 法规遵从

法规遵从是公司操作风险管理的重要一环，旨在确保组织的运作符合相关法规和监管要求，有效地降低因合规问题引发的潜在操作风险。为实现这一目标，公司可建立全面的合规性审查机制，以确保各项业务活动在法律框架内合法合规地进行。

合规性审查机制应当覆盖公司各个业务领域，确保每个环节都符合相关法规和监管规定。这需要公司建立一支专业的合规团队，负责监督和审查公司的各项运营活动。该团队需要不断更新对法规的了解，确保公司在法律要求发生变化时能够及时做出调整。通过建立合规性审查机制，公司可以在业务运作中预防法律合规性风险，降低违规行为的可能性。

定期进行法律合规性的培训对公司员工至关重要。通过为员工提供关于法规和合规性要求的培训，公司可以增强员工对法规遵从的意识，减少因为员工不了解或忽视法规而导致的合规性问题。培训内容应包括各个业务领域的法规要求、公司的合规政策。员工的法规意识提升有助于建立公司的合规文化，从而降低操作风险。

公司应积极与法律专业人士和风控专家建立合作关系。这些专业人士能够及时提供法规咨询和建议，帮助公司更好地理解和遵守相关法规。定期与专业人士进行交流和咨询，有助于公司及时获取法规变化的信息，降低因法规漏洞而引发的操作风险。

2. 信息披露

信息披露是公司运作中维护透明度和建立信任的重要手段。遵循监管机构的信息披露规定，公司能够向外界及时传递重要信息，确保市场参与者对公司状况有准确的了解。通过建立健全的信息披露制度，公司能够增强透明度，降低信息不对称带来的操作风险。

信息披露应当及时、准确、完整。公司需要确保向监管机构和投资者提供关于财务状况、经营绩效等方面的信息是真实、准确、全面的。及时更新的信息能够使市场参与者更好地了解公司的状况，准确的信息有助于建立信任关系，避免因信息不准确而导致的操作风险。

信息披露不仅是法规要求，更是建立和维护公司声誉的重要一环。通过主动披露相关信息，公司能够积极回应市场关切，展示其积极主动的态度。公司应当考虑扩大信息披露的范围，包括未来战略、风险管理政策等方面，以更好地满足投资者和其他利益相关方的需求，提升公司形象，降低因信息不足而引发的操作风险。

### （二）监管报告要求

1. 定期报告

提交定期操作风险报告是公司对监管机构负责任的表现。建立健全的内部报告制度，确保在规定的时间内向监管机构提交详细的操作风险报告，有助于提高公司的透明度和合规性。通过定期报告，公司向监管机构传递了对操作风险的深刻认识，展示了公司在风险管理方面的积极态度，从而缓解了监管机构对公司运营的担忧，有效降低了潜在的操作风险。

定期报告的内容应包括对风险评估的详细分析。公司需要对关键业务流程、系统运作等方面进行全面而深入的评估，识别潜在的操作风险点，并提供相应的控制措施。通过对风险评估的深入剖析，公司不仅能够向监管机构清晰地呈现操作风险的实质，还有助于监管机构更全面地理解公司所面临的风险，进而提供更精准的监管指导。

定期报告应明确操作风险控制措施的实施情况。公司需要详细描述已经采取的操作风险管理措施，包括内部流程的优化、系统的升级、员工培训等方面。通过清晰地展示操作风险控制措施的实施情况，公司能够展现其对操作风险的有效管理，增强监管机构对公司管理水平的信任，进而减小监管压力。

2. 灵活应对

灵活应对监管环境变化是组织保持合规性的重要举措。监管机构的合规性要求可能因法规、政策、市场条件等因素而发生变化，因此组织需要具备敏捷的调整能力。

组织需要建立快速响应机制。在监管环境变化时，组织应当快速评估变化对其合规性的影响，并迅速调整内部控制措施。这涉及内部流程的调整、制度的修改，以满足新的合规性标准。同时，组织需要提前规划和准备，以降低应对变化时的时间成本和风险。

组织应建立与监管机构的密切沟通机制。与监管机构保持积极的沟通，及时了解其合规性要求的变化和动向，有助于组织更早地预知可能的变化，并提前做好准备。此外，建立与监管机构的良好合作关系，有助于在变化发生时更容易获得支持和指导。

# 第三节　操作风险管理的技术工具与实践案例

## 一、技术工具在操作风险管理中的应用

### （一）风险管理系统

1. 风险监控工具

风险监控工具的使用是公司操作风险管理的重要一环。专业的风险监控工具具有高度的自动化和实时性，能够在业务流程中快速发现潜在的操作风险。这些工具通过设定预警指标和规则，实时监测数据流，自动检测异常行为，有效减少对人工监测的依赖，提高监控效率。

风险监控工具应当具备可配置性和定制性，以适应不同行业和公司的需求。公司可以根据自身的业务模型和风险偏好，对监控工具进行定制设置，使其更加贴近实际业务，提高监控的准确性和实用性。

在综合利用专业风险监控工具的过程中，公司能够更加主动地发现和应对潜在的操作风险，实现风险管理的科学化和智能化。这有助于公司在不断变化的经营环境中更好地保护自身利益，提升整体的经营绩效。

2. 数据分析工具

先进的数据分析工具是操作风险管理的强大武器。这类工具能够处理大规模的数据集，通过复杂的算法和模型挖掘数据中的模式、趋势和关联性。通过对海量数据的深入分析，公司可以更全面、更深入地了解业务运作中的潜在风险点，有助于及时发现潜在问题，预防风险的发生。

数据分析工具的应用还有助于发现隐藏在数据中的规律。通过对历史数据的挖掘，这些工具能够识别出业务流程中的常见问题和潜在风险因素。例如，通过分析客户交易数据，可以发现某些交易异常模式，从而及时识别潜在的欺诈行为。这种基于数据的发现能够为公司提供改进和优化业务流程的方向，提高运营效率。

数据分析工具在公司决策过程中通过对历史业务数据和风险数据的分析，可以提供客观、科学的数据支持，帮助管理层制定更加准确的决策。例如，在制定新产品或服务策略时，通过对市场数据和客户反馈的深入分析，公司可以更好地了解市场需求和竞争态势，从而降低决策的不确定性。

数据分析工具的运用需要结合公司的具体业务需求进行定制和配置。不同行业、不同公司面临的操作风险具有独特性，因此，数据分析工具应当根据实际情况进行调整，确保其在公司内部的实际应用中更具针对性和适用性。

综合来看，先进的数据分析工具在操作风险管理中具有巨大潜力。通过挖掘数据背后的信息，公司能够更加深入地理解业务运作中的风险，并基于客观的数据和事实进行决策，从而提高风险管理效能。

### （二）培训与教育工具

1. 虚拟仿真系统的引入

公司对员工的培训可以引入先进的虚拟仿真系统，这是一项创新性的培训举措。通过使用虚拟现实技术，公司为员工提供了一种高度互动、真实模拟的学习环境。这种先进的培训方式不仅使员工能够在仿真的业务场景中接触到真实的操作风险，还能够在安全的环境中学习应对这些风险的技能，从而提高员工的应对风险能力。

虚拟仿真系统的培训方法为员工提供了更具体的操作风险体验。通过模拟系统故障、人为失误等多种情境，员工可以亲身感受到这些风险事件对业务操作造成的影响。这种实际体验有助于加深员工对操作风险后果的理解，激发他们对风险管理的积极性和主动性。

虚拟仿真系统的引入还有助于提高培训效率。与传统培训方式相比，虚拟仿真系统更具灵活性，员工可以在虚拟环境中多次进行模拟操作，不仅提高了培训的可重复性，还能够根据员工个体的学习需求进行个性化培训。

2. 培训内容的设计

培训内容的设计以公司的关键业务流程为基础，覆盖了可能出现的各种操作风险情境。这包括但不限于模拟交易、生产操作、信息系统故障等多个方面。通过对公司实际业务的深入了解，培训内容能够真实还原员工在日常工作中可能面临的各类风险情景，确保培训的实用性和针对性。

3. 实际效果的评估

经过一段时间的虚拟仿真培训，公司需要对员工的实际效果进行评估。这一评估过程采用了多种评估方法，包括但不限于员工的操作风险识别能力、应对风险的速度和准确性，以及实际工作中的风险事件发生情况等方面。评估的指标旨在全面了解员工在培训后在操作风险管理方面的改进情况。

## 二、案例分析与总结

在实际操作风险管理中，许多公司通过采用技术工具取得了显著成效。以下是一些实际案例的分析和总结：

### （一）案例一：风险监控系统的成功应用

1.引入先进的监控系统

在应对操作风险方面，金融机构采取了引入先进的风险监控系统的举措。这套监控系统的特点包括：

（1）实时监测交易流程

该系统具备实时监测能力，能够对金融机构的各类交易流程连续不断地监测。

（2）异常行为识别

系统具备先进的算法和模型，可以识别交易流程中的异常行为，包括不规范的交易模式、异常金额的交易等。

（3）全面性覆盖

该监控系统覆盖了金融机构的所有关键业务领域，确保了对整个业务流程的全面监管。

2.模拟测试成功案例

在系统的实施过程中，进行了一次模拟测试，通过模拟异常情况来验证系统的有效性：

（1）成功检测到异常交易

在模拟测试中，监控系统成功检测到一笔异常交易，该交易违反了公司规定的交易限制。

（2）即时警报与账户冻结

系统迅速发出警报，并自动冻结相关账户，以防范潜在的巨额损失。

（3）风险事前控制

模拟测试的成功案例凸显了该监控系统作为一种风险事前控制工具的重要性，使公司能够在风险发生前就采取有效措施。

3.重要性的凸显

该案例的成功应用凸显了风险监控工具在及时发现和应对操作风险方面的重

要性：

（1）实时性与准确性

通过实时检测，系统能够迅速捕捉到异常行为，保证了信息的实时性和准确性。

（2）主动预防潜在损失

模拟测试成功案例表明，监控系统的主动性预防了潜在的巨额损失，为公司保驾护航。

（3）全面性的风险管理

该案例凸显了监控系统作为全面性风险管理工具的重要作用，不仅能够应对已知的风险，还能够在未知风险出现前进行有效应对。

通过引入先进的监控系统，金融机构在操作风险管理中取得了显著成功，为其他机构提供了宝贵的经验。在风险管理中，技术工具的应用成为提高效率、降低风险不可或缺的一环。

### （二）案例二：数据分析工具的价值

1.零售公司的数据分析实践

在应对操作风险的过程中，一家零售公司采用了数据分析工具对供应链进行深入分析：

（1）供应链数据分析

公司运用数据分析工具对供应链各环节的数据进行全面而深入的分析，包括采购、库存管理、订单处理等。

（2）高峰期销售问题

通过对历史数据的挖掘，公司发现在销售高峰期存在库存管理问题，问题导致库存短缺和延迟发货。

2.解决分析出的问题

公司通过数据分析工具的支持，成功解决了销售高峰期存在的库存管理问题：

（1）优化仓储流程

数据分析结果揭示了高峰期仓储系统容易出现失误的症结，公司通过对流程的优化降低了系统失误的可能性。

（2）增加库存容量

针对高峰期订单量大幅增加的情况，公司采取措施扩大了仓库的库存容量，确保能够应对激增的订单需求。

（3）避免销售损失

这些改进措施的实施成功地避免了因操作不善而引发的销售损失，保障了公司在高销售压力下的正常经营。

3. 工具在风险识别的应用

这一案例强调了数据分析工具在帮助公司识别和解决操作风险中的重要作用：

（1）精准的风险定位

数据分析工具能够帮助公司准确识别供应链中的风险点，使公司能够有针对性地进行风险管理。

（2）基于事实的决策

通过对历史数据的深入分析，公司能够制定基于事实和经验的决策，提高了决策的准确性和有效性。

（3）全面性风险管理

数据分析工具为公司提供了一种全面性风险管理途径，不仅解决了已知问题，还能预防未知的潜在问题。

在这一案例中，数据分析工具的应用帮助公司找到并从根本上解决了销售高峰期存在的库存管理问题，为公司的供应链管理提供了有力支持。这也反映了数据分析工具在操作风险管理中的重要性和实际应用价值。

### （三）案例三：模拟培训的实际效果

1. 金融企业的模拟培训

为了提高员工在设备操作和维护方面的操作风险管理能力，金融企业引入了先进的虚拟仿真系统。这一系统采用了最新的虚拟现实技术，为员工提供了一个模拟真实设备操作场景的虚拟环境。通过虚拟仿真系统，员工能够在安全的环境中进行设备操作，模拟潜在的风险情境，提高其在实际工作中应对操作风险的能力。

为了确保员工能够充分参与虚拟仿真培训并不断提升其操作风险应对能力，公司制订了定期的培训计划。这一计划明确了培训频率、内容和目标，保障了员工能够在规定的时间内接受培训，不断强化其在设备操作和维护能力。通过定期培训，员工可以在虚拟环境中不断积累经验，提高其对潜在风险的敏感度，培养出色的操作风险管理能力。

虚拟仿真培训的内容涵盖多个方面，包括设备操作流程、紧急情况处理、维护操作等。培训通过模拟不同的操作场景，让员工学习如何正确应对各种潜在风险。此外，培训还注重培养员工的团队协作和沟通能力，以应对复杂的操作环境和突发状况。

公司采用定期评估的方式来检测虚拟仿真培训效果。通过评估，公司能够了解员工在培训后的实际表现，识别其在操作风险管理方面的优势和不足，并采取相应措施进行改进。这一循环性的评估机制有助于公司不断优化培训内容和方法，确保培训持续有效地提升员工的操作风险管理水平。

2. 迅速响应设备故障

在一次模拟培训中，员工面对设备故障的模拟情境，产生快速的反应。模拟过程中，员工能够迅速察觉到设备出现故障的情况，表现出高度的警觉性和快速的反应能力。这显示了培训的有效性，成功培养了员工对于设备故障的迅速识别能力。

通过培训，员工学到了正确的应对措施，并在模拟中采取了有效的操作来解决设备故障。培训内容涵盖设备故障的各种情境和应对策略，使员工能够在实际操作中正确地判断故障原因，并迅速采取相应措施。这反映出培训的成功，员工在面对设备故障时能够冷静、果断地应对，确保了生产线的正常运转。

培训不仅注重员工对设备故障的快速响应，还强调了正确应对措施的学习。员工在培训中通过模拟实践，掌握了设备故障排除的有效方法，提高了他们在实际工作中应对设备故障的能力。这种培训方法不仅强调理论知识，更注重实际操作和技能的培养，使员工能够更加全面地应对各类设备故障。

3. 模拟培训的重要作用

这一案例充分体现了模拟培训在实际操作风险管理中的重要作用。通过模拟培训，员工的设备操作风险敏感度得到有效提高。培训模拟了真实的工作场景，使员工能够更加敏锐地察觉潜在的操作风险，从而在实际工作中更具警觉性。这种提高敏感度的效果有助于员工更早地发现和识别潜在问题，为公司避免风险事件的发生提供了前瞻性保障。

模拟培训在增强员工应对能力方面发挥了重要作用。通过对设备故障等模拟情境的反复演练，员工不仅熟悉了操作流程，还增强了在实际环境中应对设备故障的能力。这种培训方法强调了实践和经验的积累，使员工能够更加从容地应对各类操作风险，提高了其在实际工作中的应变能力。

通过模拟培训，公司确保了员工在实际操作中的高效应对。培训不仅强化了员工的操作技能，还使其在紧急情况下能够迅速、有效地采取措施，防止设备故障造成的严重影响。这为公司的运营提供了可靠保障，减小了操作风险对业务的潜在影响。

这一案例的成功经验表明，模拟培训在操作风险管理中的实际效果显著。通过在安全的模拟环境中进行培训，员工不仅提高了操作技能，还形成了应对风险的态度和意识。这种培训方法被其他金融企业广泛借鉴，成为提升员工操作风险管理水平有力的参考。

# 第六章　流动性风险管理与应对

## 第一节　流动性风险的特点与来源

### 一、流动性及流动性风险

#### （一）流动性及其多维度理解

1. 企业内部流动性

企业内部流动性在金融领域中有广义与狭义之分，两个角度的流动性使企业和金融机构从多维度来审视其资金运作能力。

（1）广义流动性

广义流动性包括企业或金融机构在一定时间内，以合理成本获取所需资金的能力。这一定义着眼于资金获取的效率和成本，强调在特定期限内能够以适当费用获取所需资金的灵活性。这种理解关注的是机构在资金市场中的活动，包括融资、债券发行等手段，以确保其在正常经营和发展中不会因为缺乏资金而受阻。

广义流动性管理涉及对资产负债结构的灵活调整。金融机构通过更改其资产和负债的构成，延长或缩短债务期限，以更好地匹配现金流，从而提高企业整体的流动性。这种管理方式有助于降低机构在面对特定期限内的流动性需求时的风险。

（2）狭义流动性

狭义的流动性是指企业的变现能力和偿债能力。这种理解更强调企业或金融机构在短期内能够迅速转化为现金的资产。持有足够的现金或者能够快速变现的资产，使得机构能够迅速、灵活地应对短期资金需求，确保正常经营不受流动性的制约。

狭义流动性的管理策略通常包括现金管理和建立应急资金储备。现金管理着眼于保持足够的现金以应对日常的支付和交易，而应急资金储备则为了在面临突发性、未预料到的资金需求时有备无患。

（3）不同角度在流动性管理中的应用

在广义流动性角度下，金融机构需要通过优化资产负债结构，灵活运用资本市场手段，确保在不同期限内都能够以合理成本获取资金。流动性压力测试、流动性缓冲工具等工作的建立，以及负债管理策略的制定都是广义流动性管理的重要组成部分。

狭义流动性管理侧重于现金的持有和应急资金的准备。通过建立紧急融资渠道、与其他金融机构建立合作关系，以及灵活运用现金管理工具，金融机构能够更好地抵御突发性的流动性风险，确保在紧急情况下有足够的现金储备。

2. 企业外部流动性

企业外部流动性的理解在金融领域包括宏观和市场两个层面。通过对这两个层面的深入分析，我们可以更全面地理解流动性的本质及其在不同层面上的应用。

（1）宏观层面：官方流动性

在宏观层面，流动性主要由货币当局通过发行货币、公开市场操作等手段来影响货币市场的流动性。货币当局通过调整货币供应量和利率水平，直接影响市场的总体资金流动性。这种官方流动性直接关系到整个经济体系的金融健康和稳定。

此时，流动性的管理需要考虑到宏观政策的制定和调整。货币政策的灵活运用可以通过官方流动性的调整来影响整个金融市场的稳定性。官方流动性的合理管理有助于防范通货膨胀和通货紧缩风险，维护金融市场的健康发展。

（2）市场层面：市场流动性

市场层面的流动性体现在参与者能够快速执行大额交易的具有流动性的市场。市场流动性的高低直接关系到交易的顺畅进行。市场流动性的增强可以带来更高的交易效率，降低交易成本，同时也有助于市场价格的形成。

市场流动性的影响因素包括市场紧密性、市场深度和市场弹性。市场紧密性指的是市场上可以迅速找到交易对手的程度，市场深度指的是市场上能够容纳大额交易的程度，而市场弹性则指市场在面对大宗交易时能够维持相对稳定的价格水平。这三者共同构成了市场流动性的综合表现。

### （二）流动性风险的定义与分类

1. 流动性风险的概念

流动性风险是金融机构在未来某个或多个时间无法及时获取足够现金以应对资金需求的一种风险。这一概念凸显了金融机构在资金管理中可能面临的不确定性和挑战。

（1）未来现金获取的不确定性

流动性风险的本质在于金融机构无法预测未来某个或多个时间点的现金获取情况。这种不确定性来源于市场变化、经济波动、政策调整等多方面因素，使得机构在面临资金需求时无法准确预测和获取所需的流动性资金。

（2）合理成本下获取资金的挑战

流动性风险还表现为机构以非常高的成本获取所需资金，从而影响其资金运作效率。无法以合理的成本获取足够资金会导致金融机构面临更高的负担，加重了其财务压力，进而影响业务的正常运营。

2. 流动性风险的分类

流动性风险是金融领域一个关键而复杂的概念，其分类主要包括结构性、突发性和市场三大方面。这三种风险源自不同的原因，对金融机构和市场参与者都构成了严峻的挑战。

①结构性流动性风险是由资产负债结构中现金流到期引发的一种风险。金融机构的资产负债表表现了其经营基础，当资产和负债的现金流不匹配时，则导致流动性紧缩。这种风险常常与企业长期资产和短期负债不匹配有关，例如，短期贷款高于长期存款导致资金流动性压力。在深入研究中，可以发现不同行业和不同市场环境下，结构性流动性风险表现出多样性，需要定制化的管理和监控策略。

②突发性流动性风险是由未预料到的短期债务风险引起的。这种风险往往源于外部环境的突发事件，如金融危机、自然灾害或政治动荡。突发性流动性风险的特点是其突然性和不可预测性，金融机构在此类风险面前需要采取灵活的应对措施。研究表明，建立有效的危机管理机制、拥有足够的紧急流动性储备以及建立有效的信息披露机制是降低突发性流动性风险的关键。

③市场流动性风险是因为市场情绪波动导致银行在金融市场无法以合理的价格吸收到所需资金。市场流动性风险通常与市场参与者的行为和市场结构密切相关。金融市场的不确定性、交易量的波动以及市场深度的变化都会导致市场流动性的下降。有效的市场监管、流动性提供者的介入以及金融创新都是减小市场流动性风险的手段。在研究市场流动性风险时，我们需要深入了解不同市场的特征和参与者行为，以制定相应的管理策略。

④综合考虑这三类流动性风险，我们发现它们相互关联、相互影响。例如，当突发性流动性风险发生时，市场流动性会迅速收缩，加剧金融机构面临的挑战。因此，综合性的流动性风险管理策略至关重要，需要结合机构内部的资产负

债管理、危机管理和市场风险管理等多方面因素。

总的来说，流动性风险的分类和管理是金融领域的一个重要课题。通过深入研究不同类型的流动性风险，能够更好地理解金融市场的运作机制，为金融机构和市场参与者提供科学有效的风险管理策略，进而维护金融系统的稳定和健康发展。

## 二、流动性风险来源与特征

### （一）流动性的影响因素

①市场深度是影响流动性的重要因素之一。市场深度指的是市场上同时存在的买卖订单的数量和规模。当市场深度较大时，即存在大量的买卖订单，资产的买卖能够更加迅速且有效地进行。这种深度的市场提供了更多交易对手方，使得投资者在买卖决策时更容易找到匹配的交易对手，从而提高了市场的流动性水平。市场深度的测量和监测对于投资者和金融机构制定交易策略以及流动性风险管理至关重要。

②交易频率是影响市场流动性的另一重要因素。交易频率反映了市场的活跃度，即在一定时间内发生的交易数量。高频交易市场通常具有更高的市场流动性，因为在短时间内有更多交易活动，投资者更容易找到合适的买卖机会。然而，高频交易又会引发市场波动性增强的问题，因此需要综合考虑高频交易的利弊。投资者对交易频率的深入研究有助于了解市场的动态变化，更准确的预测市场流动性。

③市场参与者的数量和多样性是影响市场流动性的重要因素之一。市场参与者的数量反映了市场的活跃度，而多元化的市场参与者组成有助于提高市场的稳定性和抗风险能力。不同类型的参与者，包括个人投资者、机构投资者、市场制造商等，具有不同的投资目标和行为特征，从而为市场提供了多样性的交易动力。这种多样性不仅有助于提高市场的流动性，还有助于降低市场波动的可能性。因此，市场参与者的数量和多样性需要成为研究市场流动性的重要考量。

④宏观经济因素、政治环境、市场结构等外部因素也会对市场流动性产生重要影响。宏观经济因素，如通货膨胀率、利率水平，会改变投资者的风险偏好和资产配置，从而影响市场的整体流动性水平。政治环境的不稳定性导致投资者对市场的信心下降，引发资产的流动性风险。市场结构的变化，包括交易规则、市场制度等的调整，会对市场流动性产生深远影响。因此，综合考虑外部因素对市场流动性的影响，是深入研究市场流动性的一个重要方面。

在实践中，金融机构和投资者可以通过采用先进的数据分析技术、建立流动性模型和制定科学有效的流动性风险管理策略来更好地理解和应对市场流动性的影响因素。同时，监测宏观经济环境、政治动态以及市场结构的变化，有助于及时调整投资组合和流动性管理策略，提高对流动性风险的应对能力。

### （二）资产特性对流动性的影响

1. 资产特性的多样性

①资产的种类和分类对其特性产生直接而显著的影响。不同种类的资产包括股票、债券、商品、房地产等，它们具有各自独特的市场行为和风险回报特征。股票作为权益类资产，通常具有较高的风险和回报，其价格波动性相对较大，因此流动性风险也较高。债券作为固定收益类资产，由于其支付固定的利息，其价格波动相对较稳定，但受到无风险利率、信用风险和市场流动性的影响。商品作为实物资产，其价值受到供需关系、全球经济状况等多重因素的影响，其流动性表现也较为复杂。

②资产的流动性特征与市场情绪波动的关系密切。可变性较大的资产更容易受到市场情绪波动的影响，因为投资者的情绪和行为往往在短时间内发生较大变化。例如，股票市场中的高频交易和情绪驱动的交易策略导致股价瞬时波动，增大资产的流动性风险。对于这类资产，投资者需要更敏锐地把握市场情绪的变化，以便及时调整投资组合和风险管理策略。

③资产的流动性特征还受到市场结构的影响。不同市场的结构导致相同类型的资产在不同市场中表现出不同的流动性特征。例如，交易所和场外市场的流动性存在差异，因为交易所通常有更规范和高效的交易机制。因此，投资者需要深入了解不同市场的结构和规则，以更好地评估资产的流动性。

④资产的流动性特征还受自身属性的影响。例如，可交易性较强、标准化的金融工具通常具有较好的流动性，因为它们更容易被市场接受和交易。相反，非标准化或复杂的金融工具面临更大的流动性挑战。对于这类资产，投资者需要更谨慎地进行流动性风险评估，并采取相应的风险管理措施。

2. 不同资产类别的流动性

①股票市场作为一种权益类资产，其市场流动性受到多方面因素的影响。一是交易频率对股票市场的流动性具有显著影响。由于股票市场的高度活跃，交易频率较高，投资者更容易在短时间内完成买卖操作，从而提高了市场的整体流动性水平。二是市场深度是股票市场流动性的重要因素。市场深度较大意味着可能

出现大量的买卖订单，使得资产的买卖更为迅速而有效。然而，股票市场也面临价格波动较大的挑战，特别是在高频交易策略盛行的情况下，可能引发市场波动性的增强，给流动性带来挑战。

②债券市场的流动性表现与股票市场存在显著差异。债券作为固定收益类资产，其市场流动性主要受到评级的影响。债券的评级直接关系到其信用质量，高评级的债券通常更受市场欢迎，具有较好的流动性。投资者更愿意持有高信用评级的债券，从而提高了这类债券的市场流动性。

③商品市场的流动性具有独特的特点。商品市场包括大宗商品（如黄金、原油）和农产品等。这些商品的交易受到供求关系、全球经济状况以及地缘政治等因素的影响，其流动性表现相对较为复杂。市场参与者在商品市场中的行为更为多样，包括产业用户、投机者和套期保值者等。这种多元化的市场参与者构成使得商品市场的流动性受到不同因素的共同影响，需要更全面的研究来理解和评估其流动性风险。

④不同国家和地区的货币市场具有不同的流动性特点。货币市场的流动性直接关系到国家货币政策的执行效果和市场参与者对货币的信心。在外汇市场中，流动性通常受到国际贸易、汇率波动以及宏观经济指标等多重因素的共同影响。对于货币市场而言，中央银行的货币政策和利率决策对流动性产生直接而显著的影响。因此，对货币市场流动性的分析需要综合考虑国家经济状况、货币政策以及国家国际贸易情况等多种因素。

在实践中，建立不同资产类别的流动性风险管理模型至关重要。这需要全面考虑不同资产类别的市场结构、市场参与者特点以及外部因素的影响。通过运用先进的数据分析技术、建立流动性模型，并结合实时监测市场的动态变化，投资者和金融机构可以更好地理解不同资产类别的流动性挑战，提前预警潜在的流动性风险，从而制定更有效的投资策略和风险管理方案。

3. 评级、流动性地位和交易结构的影响

资产的评级在影响流动性方面起到了重要作用。评级机构对资产的信用质量进行评估，高评级通常意味着较低的信用风险，从而提高了投资者对该资产的信心。这种信心有助于促进买方和卖方之间的交易活动，提高资产的交易深度和流动性，从而改善资产的流动性。相反，低评级的资产导致市场参与者的回避，流动性较差，因为投资者更加谨慎，愿意支付更高的流动性溢价来持有高信用质量的资产。

资产证券化的交易结构也对其流动性产生显著影响。某些复杂的交易结构提高交易的复杂性，使得在市场波动时更难以快速、有效地完成交易。这类交易结构包括衍生品合同、结构化金融产品等，其特殊性和复杂性使得市场参与者更难估计其真实价值，从而增加了交易的不确定性。当市场情绪波动或市场流动性下降时，投资者更加谨慎，对于具有较复杂交易结构的资产表现出谨慎的态度，导致流动性的降低。

市场环境的波动性和不确定性也会对资产的流动性产生影响。在市场波动较大、不确定性较高的情况下，投资者更加谨慎，愿意支付更高的溢价来持有流动性较好的资产。这种情况下，高评级、具备良好流动性地位和简单交易结构的资产更受市场欢迎，相对具有更好的流动性。相反，在市场情绪波动较小、市场参与者信心较高的情况下，投资者更愿意承担流动性地位较低、评级较低或交易结构较复杂的资产，因为风险偏好相对高。

# 第二节　流动性风险管理的策略与方法

## 一、管理流动性风险的策略

### （一）分散化投资策略

1. 分散化投资组合的概念

分散化投资策略是一种重要的资产配置策略，旨在有效管理流动性风险。该策略通过在投资组合中持有多样化的资产，以降低对特定资产流动性问题的敏感性，从而提高整体流动性的韧性和稳定性。分散化投资组合的概念基于对市场波动性和不确定性的认知，旨在最小化特定事件对整体投资组合的冲击，确保投资者能够更好地适应不同市场条件。

分散化投资组合的核心思想是通过将投资分配到不同的资产类别和行业，实现投资组合的多元化。这包括但不限于股票、债券、房地产和其他投资工具的组合。通过广泛分散资产，投资者能够在不同市场条件下获得更加平稳的投资回报，并在某些资产遇到流动性问题时减小整体投资组合的影响。这种多元化的方法有助于规避单一资产或行业特定风险，提高整体投资组合的韧性。

2. 全面考虑不同资产类别的相关性和特性

实施分散化投资策略的重点在于全面考虑不同资产类别的相关性和特性。这是一项综合性的任务，需要深入了解不同资产类别在市场波动时的表现，以及它们之间的关联性。

## （二）流动性备付金的设立

1. 流动性备付金的定义与作用

流动性备付金是指机构在应对潜在的流动性需求时设置的一定金额的资金储备。这一储备旨在为机构提供足够的灵活性，使其能够在市场冲击、资金需求激增或其他不可预测的情况下快速调动资金，有效降低流动性风险。备付金的设立通常是流动性风险管理策略的一部分，为机构在不确定的市场环境中保障资金的可用性。

流动性备付金的主要作用体现在其对机构的应急情况和市场不确定性的弹性应对能力上。当市场发生剧烈波动、机构所持有的资产面临流动性压力，或者突发事件导致资金需求迅速上升时，备付金可以迅速投入使用，满足机构的资金需求，防范因流动性问题而引发的损失。因此，备付金的存在为机构提供了一种自我保护机制，确保其在面对不可预见的市场冲击时能够迅速做出反应。

备付金的规模和设立需要根据机构的具体情况来进行合理规划。这包括考虑机构的资产组合结构、业务规模、市场参与度等多个因素。规模不足的备付金无法有效应对大规模的流动性需求，而规模过大则导致机构的资金成本上升。因此，备付金的设立需要综合考虑各种因素，确保其既能够满足应急需求，又不至于造成过多不必要的成本负担。

流动性备付金的管理和监控是其有效运作的关键。机构需要建立有效的监测机制，以随时了解备付金的使用情况和储备水平。同时，定期的流动性压力测试和风险评估也是必要的，以确保备付金的规模和储备足以覆盖流动性需求。当市场环境和机构业务发展发生变化时，还需要对备付金策略进行动态调整，使其与机构整体风险管理保持一致性。

2. 管理流动性备付金的综合考虑

管理流动性备付金需要全面考虑资产的流动性、收益和成本。流动性是备付金的首要考量因素，因为备付金的目的是在需要时快速调动资金。因此，机构需要确保备付金中包含高度流动性的资产，以应对突发的资金需求。同时，对备付金的配置也要考虑其收益和成本。在保障流动性的前提下，机构应寻求能够获得一定收益的资产，以最大限度地优化备付金的资产配置。同时，要注意控制成本，确保备付金的管理不会对机构的整体盈利能力造成负面影响。

优化备付金的配置需要深入研究不同资产类别的流动性特征和市场行为。不同资产在市场波动时表现出不同的流动性特征，因此需要了解它们在各种市场条件下的表现。通过对各类资产的流动性进行综合评估，机构可以更好地选择适应其流动性需求的资产，提高备付金的灵活性。此外，对市场行为的深入研究有助于把握市场波动对备付金的影响，为合理配置提供更精准的指导。

备付金的管理需要与市场环境和机构业务的变化相适应。市场环境可能随时发生变化，包括利率水平的波动、市场流动性的变化等，都会影响备付金的管理策略。机构需要建立灵活的管理机制，能够在市场环境发生变化时及时做出调整。同时，备付金的管理也需要与机构业务的发展相协调，以确保备付金的规模和配置与机构的整体运营相匹配。

### （三）合理的负债管理

1. 负债管理的重要性

负债管理在流动性风险管理中的重要性表现在对机构资金需求的合理匹配。通过合理配置负债结构，机构能够确保在不同期限和条件下获得足够的资金，以满足其运营和投资需求。合理的负债管理使得机构能够更加精准地匹配资产和负债的期限和流动性，从而提高整体的流动性水平。这对于应对突发的资金需求和市场波动等具有重要意义。

负债管理有助于降低机构的流动性风险。通过选择合适的负债工具，机构可以灵活地调整其资金结构，以适应市场变化和资产端需求。合理的负债管理能够降低机构因负债流动性不足而面临的压力，提高机构对市场冲击的抵抗能力。同时，通过巧妙地利用不同类型的负债工具，机构能够在保障流动性的前提下最大限度地降低负债成本，优化负债结构。

负债管理需要关注负债的多样性和可替代性。通过在负债结构中引入多样化工具，机构能够降低对特定负债来源的依赖性，减小由于某一来源负债无法满足资金需求而导致的流动性风险。此外，具有可替代性的负债工具能够在一些不可预见的情况下提供备选方案，增强机构对负债流动性的弹性。

负债管理需要与资产管理和风险管理相协调。负债和资产之间的协调是确保机构整体稳健运作的关键。负债结构的合理配置应当与资产的性质、期限和流动性相匹配，以实现整体风险的有效管理。此外，负债管理还需要与风险管理相结合，综合考虑市场风险、信用风险等因素，确保机构在各方面都能够稳健经营。

2. 采用适当的债务工具和期限结构

采用适当的债务工具是负债管理中需要首要考虑的因素。不同类型的债务工具具有不同的特性，包括利率、期限、流动性等。机构需要根据自身的经营需求和市场条件选择合适的债务工具，在满足资金需求的同时控制成本。例如，长期债务工具具有较低的利率，但在流动性方面较差，而短期债务工具则面临更高的利率，但具有更强的流动性。

期限结构的合理配置是负债管理中的重要环节。机构需要根据资产的特性和资金需求的时间分布，合理分配不同期限的债务。这有助于确保负债结构与资产的期限相匹配，降低因期限错配而引发的流动性风险。例如，如果机构的资产主要是长期投资项目，那么在负债结构中增加长期债务更适宜。

灵活运用浮动利率和固定利率债务是有效的负债管理策略。浮动利率债务的利率随市场利率变化而变化，可以帮助机构更好地适应市场环境。固定利率债务可以提供相对稳定的成本，但在市场利率上升会导致成本上升。机构需要根据市场利率的预期走势，合理配置浮动和固定利率债务，以平衡成本和风险。

定期评估和调整负债结构是负债管理中的重要步骤。市场条件和机构经营环境会发生变化，因此机构需要定期评估其负债结构的适应性，并根据需要进行调整。这包括对不同期限和类型的债务进行重新评估，以确保它们仍然符合机构的资金需求和风险承受能力。

## 二、流动性风险管理方法

### （一）流动性压力测试

1. 流动性压力测试的目的与意义

流动性压力测试的目的在于全面评估机构在不同市场情境下的资金需求和可用性。通过模拟各种市场冲击和流动性紧缺情境，流动性压力测试旨在揭示机构在极端市场条件下面临的挑战和压力点。这种测试有助于机构更全面地了解其资金流动性风险，从而提前预测和准备应对可能出现的困境。

流动性压力测试具有重要意义。在极端市场情况下，资金需求和供给的不确定性大幅增加，机构面临更加严峻的流动性挑战。通过进行流动性压力测试，机构可以识别潜在的薄弱环节和风险点，预测可能的流动性需求峰值，并为应对策略的制定提供有力支持。这种测试的意义在于帮助机构建立更完善的流动性管理框架，使其能够更灵活、迅速地应对市场波动。

流动性压力测试不仅有益于机构自身的风险管理，也是监管机构评估机构整体风险韧性的重要手段。监管机构通过对机构进行流动性压力测试，能够全面了解其在不同市场环境下的表现，评估其对潜在流动性压力的承受能力，并及时发现并纠正存在的问题。这有助于提高整个金融体系的稳定性，防范系统性风险的发生。

流动性压力测试应当不断演进和完善。随着市场条件、金融产品和机构经营策略的变化，流动性压力测试需要不断更新和调整。机构应当建立灵活的测试框架，包括多种不同的市场情境和压力测试方案，以确保测试的全面性和有效性。同时，定期的测试结果应当成为机构内部决策和风险管理的参考依据，为应对未来不确定性提供科学支持。

2. 流动性压力测试的实施步骤

实施流动性压力测试的第一步是场景设定。在这个阶段，机构需要全面考虑各类市场冲击和流动性压力情景，制定合理、全面的测试方案。这包括但不限于金融市场波动、信用紧缩、流动性冲击等导致资金需求激增的情景。通过制定多样化的测试方案，机构能够更全面地评估其在各种极端市场条件下的表现，并为未来的风险做好准备。

数据采集是流动性压力测试中的重要步骤。机构需要获取历史市场数据和机构内部数据，以构建真实可信的测试模型。这涉及从多个数据源中收集、整理和清洗数据，确保数据的完整性和准确性。同时，对机构内部的业务数据，包括现金流、资产和负债情况等也需要进行充分采集。数据的质量和时效性对于测试结果的准确性至关重要。

在模型建立阶段，机构需要采用先进的风险模型，对不同情境下的资金需求和可用性进行全面评估。这涉及建立数学模型、利用计量技术进行模拟和预测。模型的建立需要考虑不同资产类别的流动性特征、相关性以及市场环境的复杂性。通过建立综合性、动态的模型，机构可以更准确地估计在各种市场压力下的流动性需求。

在结果分析阶段，机构需要对流动性压力测试的结果进行全面而深入的分析。这包括在不同压力情境下的资金缺口、资产负债变化等重要指标。同时，机构还需要评估测试结果的敏感性和鲁棒性，以确保测试模型对不同市场条件的适用性。

### （二）建立流动性缓冲工具

1. 流动性缓冲工具的定义与作用

流动性缓冲工具是指在面临市场不确定性时，为机构提供额外支持的一系列重要工具。这包括流动性池和备用信贷措施等多种手段，旨在增强机构的资金储备，有效应对潜在的流动性挑战。

流动性池是流动性缓冲工具的重要组成部分。机构通过提前配置一定量的流动资金，形成流动性池，以备不时之需。这种流动性池的建立可以源自机构自有资金，也可以是通过市场融资等途径获得。流动性池的作用在于保障机构具有流动性资金，使其能够在资金需求激增的情况下迅速调动可用资金，从而降低流动性风险。

备用信贷措施是流动性缓冲工具的另一方面。机构与银行或其他金融机构达成协议，确保在需要时可以获得额外的信贷支持。这种备用信贷措施可以包括预先谈判好的信贷额度、应急融资安排等。通过与金融机构建立合作关系，机构可以在流动性面临挑战时获取额外的资金支持，确保业务的正常运转。

流动性缓冲工具的设计和管理需要充分考虑机构的业务模式、资产结构以及市场环境的变化。通过定期评估和调整流动性缓冲工具，机构可以更好地适应不断变化的市场条件，确保其在面对不确定性时能够保持稳健的资金状况。

2. 流动性缓冲工具的设计和管理

流动性缓冲工具的设计和管理是机构流动性风险管理中的重要环节。在考虑设计方案时，机构需要深入了解自身资产组合的特征和流动性需求，以科学确定流动性池的规模和成分。这包括对不同资产类别的流动性特征进行评估，确保流动性池的构建符合机构的业务规模和风险承受能力。

流动性池的规模和成分的确定需要充分考虑机构在不同市场环境下的流动性需求。通过对历史数据和市场情境的分析，机构可以更准确地预测在不同情况下的资金需求，从而合理配置流动性池的规模。这需要综合考虑机构的运营规模、资产结构以及市场的整体流动性状况，确保流动性池具有足够的规模来覆盖潜在的资金需求。

流动性缓冲工具的管理需要定期进行审查和调整。随着市场环境和机构内部情况的变化，流动性需求会发生变化，因此流动性缓冲工具的设计需要具有一定的灵活性。定期地回顾和调整可以确保这些工具在不同情境下的有效性，从而提高公司整体流动性管理水平。

## 第三节　金融市场中的流动性风险案例分析

金融市场中的流动性风险一直是投资者和金融机构关注的焦点。案例结合 A 银行的基本概况、业务经营及风险管理方面展开分析，并通过抽取相关的业务数据进行了定性定量分析及情景分析和压力测试，整体来看，A 银行的经营相对良好，在近年的经营过程中，存款金额稳步上升，利润增长趋势较好，信贷能力仍有保障。但是 A 银行资产负债结构存在不合理的地方，主要是贷款资产质量下降，风险资产数量增加使得资本充足率有所下降。

## 一、A 银行发展概况及经营管理现状

### （一）基本发展概况

A 银行是位于东南 H 省的一家城市商业银行，拥有独立的法人地位，是该地区具有代表性的中小型城市商业银行之一。A 银行成立于 2000 年，由地方财政、企业法人及自然人合资设立，是在 M 市原 48 家城市信用合作社基础上进行股份制改革和资产整合的结果，截至 2020 年年底，经历了 15 次增资扩股，其注册资本达到了 42.8 亿元。

多年来，A 银行一直坚持以服务本地、支持中小企业、服务私营企业、服务市场为宗旨，充分发挥在当地深耕和网点布局方面的优势，保持稳健经营，不断拓展业务，资产规模稳步扩大，市场份额一直在当地市场处于前列。近几年，随着整体经济的下滑和地域条件的限制，A 银行面临着逐渐增大的发展压力，同时也出现了一些问题，如资产结构单一、业务增长乏力、不良资产增加、管理精细化不足等。在困难和挑战面前，A 银行秉持科学发展理念，坚持以发展为中心，积极推动创新转型，及时调整经营策略，加强公司治理，不断优化业务模式、资产结构和经营效益。市场竞争力逐步提升，已经成为一家特色鲜明、发展均衡、价值领先的现代城市商业银行，处于东南地区城市商业银行的领先地位。

### （二）公司治理情况

按照相关法律法规的规定，A 银行在其二十多年的发展历程中持续建设和完善公司治理结构，不断修订股东大会、董事会、监事会的权责，并履行相应义务。公司治理的基础是以股东大会为最高权力机构、董事会为决策机构、监事会为监督机构、管理层为执行机构的“三会一层”架构，能够有效运作，并遵循“独立运作、有效制衡、相互合作、协调运转”的运行机制。

董事会下设多个专门委员会，包括战略与发展委员会、风险管理及关联交易控制委员会、审计委员会、提名与薪酬考核委员会、信息科技管理委员会等。董事会可根据需要设立其他专门委员会并对现有委员会进行调整。专门委员会的成员由董事担任，且人数不得低于三人。监事会下设审计委员会、履职尽责及提名委员会等专门委员会，其成员均由监事担任。

在实际经营管理方面，A 银行按照一级法人的授权下运作。总行各部门、分行管理行以及支行都没有独立法人资质，所有业务需在一级法人的授权范围内展开。截至目前，A 银行的经营管理层设有 27 个职能部门，管理行 7 家，直属行 3

家，分行 14 家，全行营业网点总计 173 家，员工总数为 4166 人。此外，该行还控制着一家金融租赁公司，并参股了 6 家村镇银行。

### （三）业务经营状况

近年来，A 银行保持着高速而稳健的发展态势，其资产规模、存款余额和贷款余额年复合增速均维持在 20%。A 银行的主要经营业务包括公司业务、个人业务、农业、农村与小微企业业务、金融市场与理财业务、互联网金融业务以及投资银行等多个领域。截至 2020 年年末，A 银行的资产规模达到了 3039.02 亿元，存款余额为 2382.16 亿元，而贷款余额则达到了 1637.66 亿元。2018 年，该银行实现了净利润 22.66 亿元，净资产达到了 212.50 亿元，资本充足率为 12.29%，不良贷款率为 2.25%，流动性比率为 49.51%。就集中度而言，无论是单一客户贷款集中度还是最大十家客户贷款集中度，均符合监管要求。

截至 2021 年 6 月末，A 银行的资产总额进一步增至 3196.92 亿元，而负债总额为 2980.96 亿元。在 2019 年 1~6 月，该银行实现了营业总收入 40.78 亿元，净利润达到 13.99 亿元。从这些数据来看，A 银行的经营状况持续稳健，展现了较强的盈利能力和资产质量。

笔者将从资产结构、负债结构以及资产负债质量三个方面对 A 银行的业务经营状况进行详尽分析。

1. 资产结构与质量

现金部分包括库存现金、央行资金、同业和其他金融机构存款以及存款准备金。作为银行防范流动性风险的首要手段，现金直接反映了银行的短期支付能力。尽管现金比例过高能够减小流动性风险，但若过于充裕，则会降低银行资产运营效率，对盈利产生负面影响。A 银行的现金持续增长，从 2016 年的 290.24 亿元增至 2020 年的 389.41 亿元，增幅达 34.17%。然而，现金类资产占总资产比例逐年下降，截至 2020 年年底，仅占总资产的 12.81%。这种比例下降会导致 A 银行面临更大的流动性压力。

有价证券主要包括各类债券，如国债、地方债、企业债券、金融债券、同业存单和资产支持证券等。这些有价证券因信用差异而具有不同的流动性和收益性，对于调节银行在运营中的流动性具有重要作用。在资金缺口扩大的突发情况下，银行可以通过金融市场变现持有的高流动性证券资产，以补充所需流动性。然而，当现金流缺口逐渐减小时，银行可持有证券资产以获取收益，提高盈利水平。如图 6-1 所示，截至 2020 年年底，A 银行持有的有价证券总额为 687.61 亿元，占总资产的 44.32%。其中，金融债 260.2 亿元，同业存单 208.03 亿元。金融债主要以政策性金融债为主，具有较高的流动性。因此，对于A银行而言，企业债持有量相对较低，同业资产总体质量良好，有助于流动性风险管理。然而，从资产结构可以看出，可供出售类资产和持有至到期资产等同业资产占比逐年增加。2016年，同业资产占总资产的比例仅为20.11%，而到2020年年底，同业资产已占全行总资产的32.89%。高比例的同业资产在当前金融去杠杆的背景下，可能在同业市场发生流动性风险时增大A股银行的流动性压力，甚至引发流动性风险。

在综合分析A银行的资产结构与质量时，需要关注现金类资产比例逐年下降的问题和同业资产占比不断增加的潜在风险。对于A银行而言，平衡流动性和盈利的关系，适度控制同业资产的比例，是有效应对流动性风险的关键。

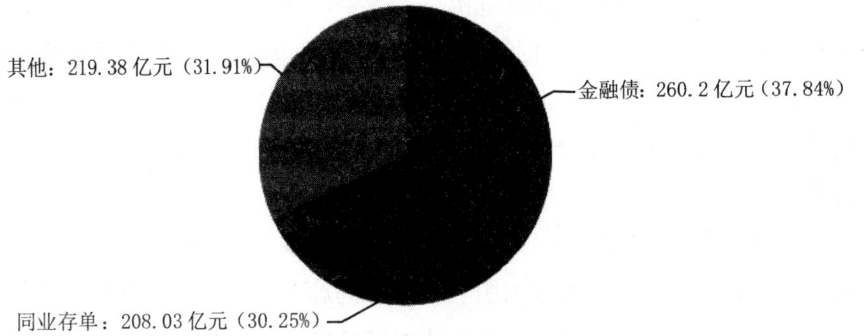


**图 6–1　A 银行 2020 年年底有价证券持仓情况**

贷款作为商业银行资产的重要组成部分，不仅是银行收入的主要来源，同时也是影响流动性的重要因素之一。贷款的类型、期限和质量都对银行资产的流动性产生影响。

从贷款类型的角度来看，随着A银行贷款余额不断增加，不良贷款余额也相应增加，并且增速逐年加快。随着经济环境的变化，贷款违约率迅速上升，银行收回贷款的难度随之增大，从而导致流动性风险上升。因此，不良贷款的增加可以被视为A银行流动性风险升高的一个信号。

从贷款的业务结构来看，A银行在2016年公司贷款余额占总贷款的比例为76%，而到2020年年末中长期贷款比例略有下降，为73%。尽管公司贷款占比略有下降，但由于近年来经济环境的不确定性，企业的违约率不断上升。这意味着未来公司贷款的收回难度增大，从而增加了A银行的流动性风险。

从贷款的期限来看，随着贷款的增加，A银行短期贷款余额变化不大，而长期贷款余额快速增长。中长期贷款在贷款余额中占比较大，截至2020年年底，中长期贷款占总贷款余额的比例为75%。由于中长期贷款周期更长，未来还款的不确定性较大，较长期的贷款资产也会增加A银行的流动性风险。

综合来看，在不良贷款的增加、公司贷款占比下降以及中长期贷款比例较大等方面，A银行的流动性风险会受到一系列因素影响，需要谨慎管理和应对未来的不确定性。

2.负债结构与质量

商业银行的负债结构主要由储蓄存款和外部融资构成。储蓄存款包括活期存款、定期存款等，这些是银行因其自身特性而吸引的被动负债。然而，存款具有较大的波动性，特别是活期储蓄存款的规模对整体存款的波动有更大影响。当活期存款占比较高时，虽然降低了银行获取资金的成本，但也带来了更大的流动性波动，严重时导致银行陷入流动性危机。

负债结构的稳定性与流动性风险密切相关。随着活期存款占比的增加，银行在融资成本上会受益，但与此同时，对于银行自身流动性的波动性也会相应提高。这种波动性的增加会使得银行更容易受到资金流出的冲击，进而增加面临流动性危机的风险。

因此，在管理负债结构时，银行需要在追求低成本融资的同时，保持负债的相对稳定性，以防存款波动性较大引发流动性问题。综合考虑储蓄存款的不同类型和比例，银行可以更有效地平衡融资成本和负债结构的稳定性，从而降低潜在的流动性风险。

3.风险管理状况

A银行采用自上而下的风险管理模式，主要由风险管理及关联交易控制委员会负责对各类风险进行判断和管理。该委员会的职责包括审核和修订银行的风险战略、风险管理政策和内部控制流程，并监督和评价其执行情况。此外，委员会还负责监督和管理高级管理层在市场风险、信用风险和操作风险等方面的工作，并通过现场和非现场检查对银行的风险状况进行评估。

A银行的全面风险管理体系包括信用风险、市场风险和操作风险三大方面。在信用风险管理中，风险管理部负责制定信贷政策、监督信贷政策执行情况，并进行信用评级、风险控制等工作。在市场风险管理方面，风险管理及关联交易控制委员会负责制定市场风险管理政策和限额指标，进行市场风险资本计量和分配。在操作风险管理中，风险管理部负责监测、评估操作风险，并向委员会报告全行操作风险管理状况。

在防控流动性风险方面，A银行采取了多种措施。首先，成立了流动性监测小组，负责全行日常流动性监测和资金调配。其次，由计划财务部负责行内资金的优化配置，同时加强流动性的监测和头寸的匡算。最后，银行还成立了流动性风险管理应急小组，制定了相应的应急预案。然而，流动性风险管理仍存在缺乏统筹性、信息不对称、缺乏专业化管理系统等问题，这在当前复杂多变的环境下会影响其流动性风险管理的有效性。

## 二、A 银行流动性风险的计量分析

商业银行关于流动性风险计量的分析主要有两种，一是静态衡量指标分析，是对商业银行在某一个时点的流动性状况研究，通过商业银行资产负债表的相关财务数据进行计算分析，得出相应的财务比率；二是动态衡量指标分析，是通过商业银行在一段时间内，分析其潜在的流动性需求情况。同时，商业银行对流动性的计量管理还采用了流动性缺口法、风险价值模型法（VaR）、压力测试法等多种方法。

### （一）静态指标分析

1. 存贷比

存贷比是商业银行存款资金用于发放贷款的占比，即贷款总额与存款总额的比例。这一比例既反映了银行在盈利方面的情况，也涉及了风险的考量。较高的存贷比意味着更多存款用于发放贷款。从盈利角度看，这种情况下，银行可以通过贷款利息覆盖存款的付息成本，提高盈利水平。然而，从风险的角度来看，存贷比过高会带来潜在的风险。

高存贷比意味着银行信贷资产的比例较大，而信贷资产通常属于高风险资产。一旦部分贷款违约，演变为不良贷款，就会引发信用风险，甚至蔓延至流动性风险。特别是在取消贷款额度限制和下调存款准备金的政策环境下，监管机构将存贷比控制在一定范围内，不允许超过 75%，作为有效控制商业银行信贷扩张的一种手段。

存贷比的监管标准成为防范潜在风险的一道屏障。监管机构通过设定存贷比的上限，可以在一定程度上约束银行过度扩张信贷规模，以维护金融系统的稳定和安全。这一监管标准在银行经营中发挥着重要作用，同时也需要灵活调整以适应经济环境的变化。

2. 核心负债

核心负债比例是指中长期相对稳定的负债在总负债中的占比，其中，中长期负债包括距到期日大于 3 个月的定期存款、同业存单和金融债券等。这一比例用于评估商业银行的负债结构的稳定性，其计算公式为：

$$核心负债比例=\frac{核心负债}{总负债}\times 100\% \tag{6-1}$$

以 A 银行为例，如图 6-2 所示，2016—2020 年，A 银行的核心负债比例分别为 64.17%、60.22%、64.44%、67.89% 和 74.25%。这意味着近几年，A 银行的核心负债比例呈逐年上升的趋势。

这一趋势的背后有多方面原因。首先，A 银行不断增加中长期的同业存单和金融债券的发行，这些属于相对稳定的负债品种。其次，A 银行积极发展特色存款业务，吸收了大量稳定的负债，这对提高核心负债比例起到了积极作用。然而，特色存款的吸收也使得 A 银行需要支付较高的利息成本，从而在一定程度上对银行整体收益水平产生影响。

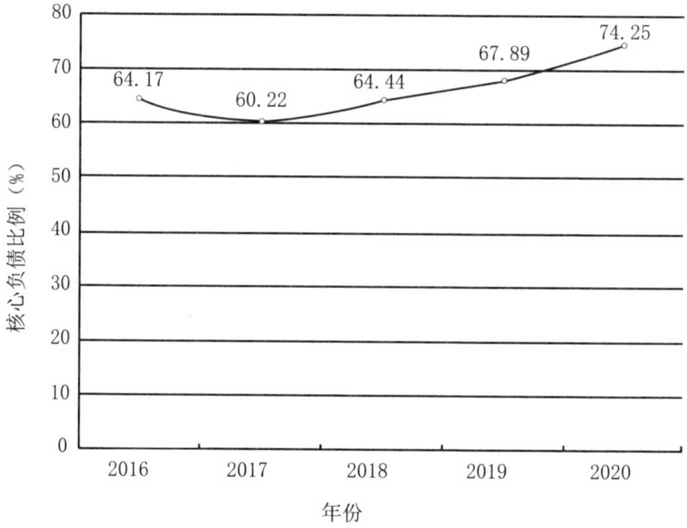


**图 6-2　A 银行 2016—2020 年核心负债比例走势图**

3. 流动性缺口率

流动性缺口率是用来评估银行在未来各个时间段内流动性缺口与相应时间段到期的表内外资产之比例的指标。具体而言，该指标反映了银行在不同期限内所面临的流动性风险，以及是否能够通过到期资产的收回来偿还到期债务。流动性缺口率为正，表示银行在该期限内的到期资产足以偿还到期债务；流动性缺口率为负，说明到期资产无法覆盖到期债务，需要通过其他方式筹集资金来还债。

在《商业银行风险监管核心指标》管理办法中，通常规定了 90 天期的流动性缺口，但在实际应用中，银行需要计算多个期限的流动性缺口，并制定相应的流动性管理策略。其计算公式如下：

$$流动性缺口率=\frac{未来各个时间段的流动性缺口}{相应时间段到期的表内外资产}\times 100\% \qquad (6\text{-}2)$$

对于 A 银行来说，如图 6-3 所示，在过去 5 年中，其流动性缺口率呈现出波动趋势。具体而言，2016—2020 年的流动性缺口率分别为 12.32%、10.55%、12.84%、15.58% 和 6.61%。数据显示，流动性缺口率在这段时间内保持在 10%~15%，相对较为稳定。然而，2020 年的流动性缺口率降幅较大，从 2019 年的 15.58% 直降至 6.61%，降幅高达 57.57%。这主要是由于 2020 年到期了较大金额的储蓄存款，而受益于资产质量的改善，银行的资产到期金额足以偿付到期负债，从而降低了流动性缺口率。这一趋势的变化也反映了 A 银行在管理资产和负债方面的较好应对能力。

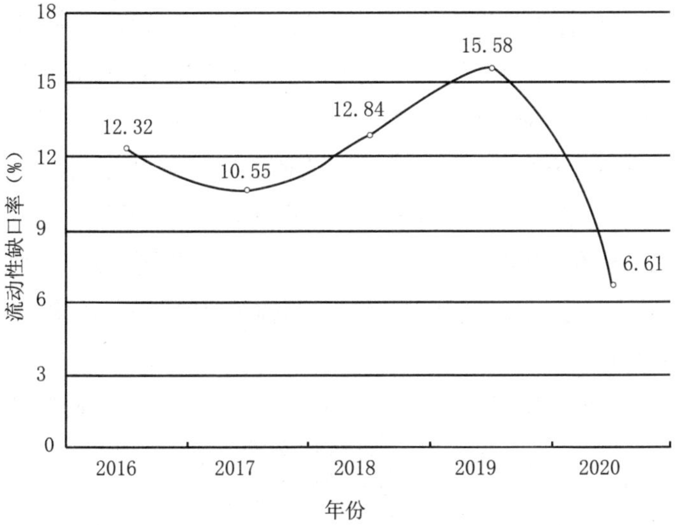


**图 6-3　A 银行 2016—2020 年流动性缺口率趋势图**

4. 不良贷款率

不良贷款率是指不良贷款在贷款总额中所占的比例，其计算公式明确地反映了不良贷款对整体贷款组合的影响程度。一般情况下，贷款按照其风险程度可以分为正常、关注、次级、可疑和损失五类，而不良贷款通常包括次级、可疑和损失三类。因此，不良贷款率的高低直接关系到银行的资产质量，对流动性风险的影响显而易见。特别是对于中小型银行，其资产种类相对较为单一，主要以贷款为主，因此，不良贷款率的升高意味着贷款的违约率增加，信用风险上升，从而转化为潜在的流动性风险。

尽管国内银行监管机构规定不良贷款率的监管红线为 5%，但实际上，当商业银行，尤其是中小银行的不良贷款率超过 3% 时，就会被视为资产质量不佳，存在潜在信用风险的机构。因此，不良贷款率的增加不仅仅意味着对信贷质量的担忧，还可能为银行带来潜在的流动性风险。对于银行而言，及时有效地管理和控制不良贷款率，成为维护资产质量、规避潜在风险的关键之一。

### （二）动态指标分析

1. 流动性覆盖率

流动性覆盖率是确保商业银行在未来 30 天内具有足够合格、优质流动性资产，能够在规定的流动性压力情景下通过变现这些资产，以满足其流动性需求。其核心公式为：

$$\text{流动性覆盖率}=\frac{\text{合格优质流动性资产}}{\text{未来30天现金净流出量}}\times 100\% \tag{6-3}$$

其中，合格优质流动性资产由一级资产和二级资产构成。一级资产包括现金和存放于中央银行的存款准备金，二级资产主要涵盖国债、金融债和信用债等品种的有价证券类资产。确保流动性覆盖率达到或超过 100% 意味着商业银行在未来 30 天内有足够资产覆盖净流出量，从而保障其应对潜在流动性压力的能力。

这一指标的合规性对于银行业的可持续稳健运营至关重要，尤其是在面临复杂多变的金融市场环境和潜在的流动性风险时。银行需要不断优化其资产结构，确保流动性覆盖率处于可控范围内，以提升整体的风险防范和危机应对能力。

2. 流动性比例

流动性比例是指流动性资产与流动性负债之比，其计算公式表现形式为：

$$\text{流动性比例}=\frac{\text{流动性资产余额}}{\text{流动性负债余额}}\times 100\% \tag{6-4}$$

A 银行在 2016—2020 年 5 年间，其流动性比例分别为 35.94%、37.51%、38.7%、47.87%、49.51%。流动性比例呈现逐年递增的趋势，尽管符合监管要求，但整体水平仍低于全国商业银行的平均水平。这主要是因为 A 银行的流动资产配置相对不足，且贷款余额以中长期为主。因此，A 银行未来需要改善其贷款结构，增加流动性资产的投资，以提高整体的流动性比例。

保持合适的流动性比例对于银行来说至关重要，它直接关系到银行在面对不同流动性压力时的应对能力。通过不断优化流动性资产与负债的结构，银行能够更好地应对金融市场的波动和不确定性，提高整体的风险抵御能力。

3. 净稳定资金比例

净稳定资金比例是为了确保商业银行具有充足的稳定资金来源，以满足各类资产和表外风险敞口对稳定资金的需求而设计的指标。其算法相对较为复杂，主要用于衡量银行用于投资的投行类产品、证券资产及表外风险敞口与其流动性状况相匹配的情况。该指标有助于银行发展过程中更好地利用稳定的资金来源，减少资产负债中存在的较大期限错配问题。计算公式如下：

$$净稳定资金比例=\frac{可用的稳定资金}{所需的稳定资金}\times 100\% \qquad (6-5)$$

在该公式中，分子表示银行可用的各项稳定资金来源，而分母表示银行发展各类资产业务所需的稳定资金。需要注意的是，监管当局确定了分子和分母中各类负债和资产项目的系数，目前净稳定资金比例的最低监管标准是大于或等于 100%。

这一指标的引入有助于银行更有效地管理其资产和负债，确保在面对市场波动和不确定性时有足够的稳定资金来支持其业务发展。

总的来说，A 银行在国内外经济形势复杂多变的情况下，对经营理念、战略和内控制度管理等方面进行了不断的调整和改进，尽管调整的节奏相对缓慢，然而，在流动性管理方面仍然存在一些问题，主要集中在三个方面：第一，银行的资产负债结构相对较为单一，且期限结构不够合理。贷款资产占比较高，而且贷款期限较长，负债形式相对较少，主动负债占比较低，这会导致流动性风险的增加。第二，负债主要以存款为主，并且资金成本相对较高，远高于同地区的大型银行。随着利率市场化的推进和金融市场的多样化发展，存款的稳定性会面临更大的挑战。第三，资产的质量逐年下降，不良资产逐渐增加。为了稳定收益，购买有价证券的资质信用逐渐下降，这使银行面临潜在的信用风险。因此，在应对经济环境的变化中，A 银行需要更加积极地调整其流动性管理策略，以更好地适应未来的市场挑战。

# 第七章　金融风险监管与合规

## 第一节　金融机构的合规与风险控制

### 一、金融机构合规要点

#### （一）内部合规架构的建设

金融机构需要建立完善的内部合规架构，确保合规政策能够得到有效执行。具体包括以下内容。

1. 制定合规政策与流程

①制定合规政策是金融机构确保良好经营的基础。合规政策是机构明确合规要求的指导性文件，首先应该确保政策的全面性和准确性。在制定过程中，金融机构需要深入研究国家法规、监管规定以及行业标准，确保政策的合规性。此外，政策应当考虑到公司自身的特点，确保在满足法规要求的同时，有利于公司的经营发展。

②合规流程是实现合规政策的执行手段。金融机构应当通过建立合规流程，将合规政策具体贯彻到公司的日常运营中。流程设计应当包括合规审查、监测、报告等环节，确保全员都能够遵循政策执行合规操作。流程的设计需要考虑到公司的实际经营情况，不同业务线的差异性，以及合规要求的变化。此外，金融机构应当注重流程的透明度，让员工清晰了解合规要求和流程步骤，提高执行的有效性。

③将合规纳入日常经营管理是实现长期稳定经营的重要手段。金融机构应当将合规要求融入公司的日常管理体系，确保合规不是一时的行为，而是贯穿公司全过程的一种文化。这需要建立健全的内控体系，对各业务线进行风险评估，及时调整合规政策和流程。同时，公司应当加强培训，增强员工的合规意识，使其在日常工作中自觉遵守相关法规和公司政策。

④持续改进合规政策与流程是适应环境变化的需要。金融市场和监管环境都在不断变化，因此，金融机构的合规政策和流程也需要不断优化。机构应当建

立定期检查的机制，通过内外部的评估，及时发现和纠正合规政策和流程中的不足之处。此外，公司还应当保持对市场和法规的敏感性，积极调整合规政策和流程，以适应环境的快速变化。

2.建立独立的合规部门

①建立独立的合规部门是金融机构确保合规事务专业、高效执行的关键一步。合规部门的独立性确保其能够独立、公正地履行监管和管理职责，不受其他业务部门的干扰。合规人员应当具备专业的法律和监管知识，以确保对合规事务的准确理解和有效执行。

②合规部门与业务部门的有效沟通与合作是保障合规工作顺利推进的重要保障。合规部门需要与业务部门保持密切联系，了解业务运作的实际情况，及时了解业务发展的动向。通过定期的会议、培训等形式，促进合规人员与业务人员的沟通与交流，确保合规部门对业务活动的监管能够贴近实际、精准有效。

③合规部门应当拥有监管和执法权力，以保障其合规监管的有效性。合规部门应当具备一定的监管和执法权力，能够对公司内的各个业务线和职能部门进行合规检查和监管。这包括对业务活动的现场检查、文件审查、数据核对等权力，以及对违规行为的调查和处罚权力。这样才能够真正推动公司的各项业务活动在合规的轨道上稳步前进。

④建立完善的合规培训体系是确保合规人员专业素养的有效途径。合规部门应当制订一个完善的合规培训计划，对合规人员进行定期培训，使其能够及时了解最新的法规和监管要求。此外，培训还应当覆盖公司其他业务人员，增强全员的合规意识。通过培训，合规人员可以更好地履行监管职责，业务人员也能够准确理解和遵守合规规定，从而共同推动公司的合规工作。

3.人员配备与培训

①人员配备是构建健全合规体系的基础。金融机构应当招聘专业背景的人员，这些人员应当具备深厚的法律、经济学等专业知识，以更好地理解和适应金融行业的复杂合规环境。此外，合规人员还应具备敏锐的风险意识和分析问题的能力，以便在实际工作中迅速识别和应对潜在合规风险。

②通过培训提高员工对合规要求的认识与理解是确保合规意识深入人心的重要一环。金融机构应该建立定期的合规培训体系，包括内部和外部培训资源的整合。内部培训可以由专业合规人员负责，传授公司制定的合规政策、流程和操作规范。外部培训可以借助专业培训机构，确保员工了解最新的法规、监管要求和国际合规标准。培训内容应当贴近业务实际，注重案例分析，以提高员工在实际

工作中处理合规问题的能力。

③建立合规知识库是有效提高整体合规水平的手段。金融机构可以借助先进的信息技术手段，建设一套完备的合规知识库，将公司的合规政策、法律法规、经验教训等有关合规的信息整合存储。员工可以通过内部系统方便地获取这些信息，提高其在日常工作中对合规要求的遵守和执行水平。

④实施绩效考核与激励机制，强化员工对合规工作的积极性。金融机构可以通过设立合规绩效考核指标，将合规履职能力与员工的绩效评价挂钩。对于表现优异的合规人员，可以给予适当的奖励和晋升机会，以激励员工更好地履行合规职责。这种机制有助于形成全员参与合规的工作氛围，确保合规理念贯穿于整个金融机构的日常经营活动中。

### （二）合规文化的培养

金融机构需注重培养良好的合规文化，使员工内化合规意识，并将其视为企业文化的一部分。具体做法包括：

1. 领导示范

领导示范在构建合规文化中起到了引领作用。机构高层是组织中的楷模，其言谈举止对于员工具有强烈的示范作用。在合规领域，高层领导应积极践行合规要求，自觉遵守法规，确保自身行为符合道德操守。这种积极的示范态度有助于树立公司的良好形象，为员工提供明确的合规导向。

高层领导应当在组织中加强合规文化建设。通过定期组织合规培训、召开合规座谈会等方式，高层领导可以向员工普及合规的重要性，强调合规对于公司长远发展的积极作用。领导的言传身教将使合规理念深入人心，形成共识，为公司全体员工提供统一的价值导向。

高层领导应当建立有效的合规监督机制。通过设立独立的合规监察部门或委员会，实施全面的合规监督，确保公司各项业务活动都在法律法规允许的范围内进行。领导的监督力度和监督方式会影响整个组织对合规的关注程度，从而提高合规风险的管控水平。

对合规行为给予表彰与奖励是激励员工积极参与合规工作的有效手段。高层领导可以设立合规奖励机制，对于在合规方面表现出色的员工进行公开表彰和奖励。这样的激励机制有助于强化员工对合规工作的责任心和使命感，激发其更积极地履行合规职责。

2. 内部宣传与弘扬

内部宣传是弘扬合规文化的重要手段，机构可以通过内部媒体，如公司内网、电子公告板等，向员工传递合规理念、政策和实践案例。在这一过程中，机构可以突出强调合规对公司长远发展的重要性，引导员工认识到合规不仅是一种要求，更是一种责任和义务。

定期召开会议是内部宣传的有效途径之一。在公司例会、部门例会等场合，可以设置合规主题的专项会议，由合规团队或专业人员进行合规知识的普及和分享。这样的会议有助于直观地向员工展示合规政策的实际应用，解答员工在工作中遇到的合规问题，提高员工对合规要求的理解和接受度。

借助内部培训，将合规理念融入员工培训体系。在员工入职培训、岗位培训等环节，加入合规培训的内容，使员工在接受业务培训的同时能够形成对合规的深刻认识。这种有机融合的培训方式能够使员工更好地理解合规政策与业务操作之间的关系，增强他们的合规风险意识。

通过内部宣传弘扬合规文化需要形成一种全员参与的氛围。机构可以设立合规文化建设的奖励机制，对在合规宣传中表现突出、主动参与合规培训的员工进行奖励，以鼓励更多员工自觉遵循合规要求。同时，可以设立合规文化建设的互动平台，鼓励员工分享自己在合规方面的经验和心得，形成合规文化的共建共享。

## 二、风险控制与合规的关系

风险控制与合规密切相关，相互促进。合规是金融机构稳健经营的基础，而风险控制是实现合规目标的重要手段。

### （一）协同机制

1. 合规政策的制定和实施

①合规政策的制定需要深入分析机构所处的法律、监管和市场环境。金融机构应该全面了解相关法规和监管要求，以确保合规政策能够覆盖所有必要的法规要求。这包括要对不同业务领域和产品线的法规深入研究，以制定相应的合规政策。

②合规政策的制定需要明确机构的风险承受能力和经营战略。合规政策不是一蹴而就的，需要根据机构的风险偏好和经营策略来制定。机构应该对自身的风险承受水平进行科学评估，并确保合规政策与机构的整体经营战略相一致，既要规范风险，也要支持业务的健康发展。

③合规政策的制定需要广泛征求内外部利益相关方的意见。这包括内部员工、监管机构、投资者等多方面的利益相关者。通过广泛征求意见，机构能够更

好地了解各方的关切和期望，从而制定更全面、公正的合规政策。

④合规政策的实施需要建立有效的培训和沟通机制。一旦合规政策制定完成，就需要通过培训和沟通确保全体员工都能理解和遵守这些政策。培训还应该包括对法规的解读、实际操作的示范等方面，以确保政策的实施不仅是形式上的，更是实质性的。

2. 风险控制的主动性

①风险控制的主动性体现在机构建立全面的风险管理流程。机构需要通过建立有效的风险管理流程以预防和识别潜在的风险。这包括明确定义不同风险类型，建立风险评估和监测机制，以及规定相应的风险处理流程。

②风险控制主动性的关键在于提前识别并监测潜在风险。机构应通过引入先进的技术手段，对各类风险进行实时监测和预测。通过这种方式，机构可以在风险发生前就及时发现并采取相应措施，确保风险不会演变成实际问题。

③主动性体现在机构能够迅速应对已经发生的风险。一旦发生潜在风险，机构需要有明确的处置流程和紧急预案，以迅速应对风险并减少损失。这需要机构在平时建立灵活、高效的风险处置机制，确保能够在紧急情况下迅速做出决策。

④风险控制的主动性需要在组织文化中得到充分体现。机构需要树立风险意识，使所有员工都认识到风险控制是每个人的责任。这可以通过强化培训、制定明确的风险责任制度等手段来实现，从而确保每个员工在工作中都能主动参与风险控制。

### （二）合规要求与创新发展

1. 平衡合规要求与创新发展的困境

①机构在平衡合规要求与创新发展中可能遇到合规限制创新的问题。合规要求往往是出于对风险的谨慎管理，因此会对某些创新提出限制或者附加条件。机构需要在遵守法规的前提下，积极寻求可以推动创新的合规解决方案，以克服这一困境。

②创新带来的合规挑战也是一个可能的困境。新型金融产品或服务会涉及之前未有明确规定的领域，导致合规标准不明确或者需要适应性调整。机构需要加强与监管机构的沟通，争取更多合作与支持，以促使法规能够及时跟上创新的步伐。

③机构在实现合规与推动创新之间的困境还表现在资源分配上。合规和创新都需要投入大量的资源，但资源是有限的。机构需要在两者之间找到平衡点，合理分配资源，确保在合规的基础上还能够有足够的资金、人力和技术支持来推动

创新。

2. 建立灵活的合规机制的创新

①机构在建立灵活的合规机制方面创新的一项实践是通过优化合规流程。通过引入先进的流程管理工具和方法，机构能够更加高效地执行合规审查、报告和监控等流程。这种创新有助于降低合规流程的时间成本，使机构能够更快速地适应市场变化，提高合规执行的灵活性。

②机构可以通过建立跨部门的合作机制来增强合规机制的灵活性。引入跨职能的合规团队，促进各部门间的信息共享和协同工作。这种组织结构上的创新有助于机构更快速、更协调地应对复杂多变的市场环境，提高合规决策的迅捷性。

## 第二节　监管机构对金融风险管理的指导与要求

### 一、监管机构对资本充足度的要求

#### （一）监管指标与评估方法的深度研究

1. 资本充足率的详细要求

（1）资本充足率的核心概念

资本充足率是一项重要的监管指标，旨在评估金融机构是否具备足够的资本来覆盖潜在的风险损失。这一概念主要涉及金融机构的资本结构，包括其核心资本和风险加权资产之间的比率。核心资本通常包括普通股和其他一些具有高度可折旧性的资本形式，而风险加权资产则考虑了不同种类资产的风险权重。

（2）不同层次的资本充足率标准是如何制定的

监管机构通常根据国际标准和本国金融体系的特点来制定不同层次的资本充足率标准。国际上，《巴塞尔协议》是资本充足率的主要框架，规定了资本的定义和计算方式。在这个框架下，资本充足率被分为三个层次，即总资本充足率、核心资本充足率和一级资本充足率。每个层次都有相应的最低要求，以确保金融机构在面对不同风险时具备足够的资本缓冲。

（3）核心资本充足率和一级资本充足率的具体要求是怎样的

核心资本充足率是指核心资本与风险加权资产总额之比，其要求通常更为严格。核心资本主要包括普通股和一些其他无固定期限的资本形式。一级资本充足率则是一级资本与风险加权资产的比率，也包括其他一些有限期限的资本形式。监管机构设定这两个标准的目的是确保金融机构的资本主要由可折旧的核心资本构成，以提高其抗风险能力。

（4）各国监管实践中对资本充足率要求的异同有哪些

不同国家的监管实践在资本充足率要求上存在一些差异。这些差异来源于国家金融体系的不同特点、风险承受能力的不同、监管机构的政策取向等。一些国家会在国际标准的基础上进行更严格的要求，以提高金融体系的稳健性。而另一些国家则根据本国金融机构的实际情况进行适度调整，以促进金融体系的发展。

2.风险加权资产的评估方法分析

（1）风险加权资产的评估方法是资本监管的重要环节

监管机构通过设定不同类别资产的风险权重来确保金融机构在资本充足率计算中更精准地考虑潜在风险。不同类别资产的风险权重反映了其相对风险水平，从而影响了资本充足率的计算结果。这一评估方法的核心目标是使资本要求更加符合金融机构所承担的实际风险。

（2）监管机构对于风险权重的设定有何要求

监管机构对风险权重的设定通常基于不同类别资产的风险特征。例如，低风险国债被赋予较低的权重，而高风险的企业债券则被赋予较高的权重。这一设定的目的是根据资产的特定风险水平，更准确地反映金融机构所持资产的整体风险。

（3）风险权重的计算方法是怎样的

风险权重的计算通常基于标准化的风险敞口模型。这些模型考虑了资产的不同风险因素，包括信用风险、市场风险等。例如，对于信用风险，监管机构采用评级体系，将资产分类为不同信用等级，然后为每个等级分配相应的风险权重。

（4）风险加权资产的评估方法背后的理念和动机是什么

这一评估方法的理念是确保金融机构在计算资本充足率时充分考虑其风险敞口，使得资本要求更贴合实际风险水平。通过设定不同类别资产的风险权重，监管机构希望鼓励金融机构更谨慎地管理其资产组合，从而提高整个金融体系的稳定性。

3.杠杆比率的监管要求探讨

（1）杠杆比率在资本监管中的崭新地位备受关注

监管机构逐渐认识到，杠杆比率是评估金融机构财务稳定性的重要指标。与传统的风险权重资产相比，杠杆比率更直观地反映了金融机构的债务水平，为监管机构提供了更全面的视角。

（2）监管机构对于杠杆比率的具体要求是怎样的

监管机构通常规定了杠杆比率的计算方法，该方法涉及资产和负债的计量和分类。监管机构关注的重点包括对不同资产类别的权重分配，以及杠杆比率的计算周期。监管标准因国家而异，但核心目标是确保金融机构在不同业务和风险环境下都能维持适当的资本储备。

（3）杠杆比率的计算方法有何特点

杠杆比率的计算方法通常涉及直接从财务报表中提取的指标，如总资产和总负债。计算公式会根据实际进行一些调整，以确保对各类资产和风险的合理反应。对于国际性的金融机构，监管机构会要求按照国际协定的标准进行计算，以确保跨境业务的一致性。

（4）杠杆比率在全球范围内的监管趋势是怎样的

透过深度研究不同国家对杠杆比率的要求变化，我们可以揭示出监管趋势。近年来，随着对金融体系稳定性的不断关注，各国纷纷加强对杠杆比率的监管要求。这体现了监管机构对于杠杆比率在维护金融体系稳健运行中的不可替代作用的认识。

4.评估方法的变化趋势

①评估方法的变化趋势在监管机构应对新兴风险上体现得尤为明显。监管机构逐渐认识到金融市场的快速演变和新兴风险的涌现。在评估方法中，对于传统和新型风险的权衡考量变得更为重要。新兴风险，如数字化货币的发展、大规模数据泄露等，对传统评估方法提出了新的挑战。因此，监管机构在评估方法中需要不断调整，以确保对风险的全面评估。

②技术创新对评估方法的影响不可忽视。随着技术的创新与迅速发展，监管机构开始应用先进技术来改进评估方法。大数据分析、人工智能等技术的应用为评估提供了更全面和实时的数据，使监管机构能够更灵活地应对市场变化。同时，新技术的引入也带来了对监管人员技能的新要求，监管机构需要不断提升技术水平以更好地应对技术创新的挑战。

③案例深入研究将揭示监管机构在评估方法方面的创新经验。透过深入研究不同国家或地区的监管实践，我们可以发现监管机构在评估方法上的创新经验。这包括在新兴风险评估上的先进实践、技术应用的成功案例等。通过案例研究，我们能够更好地了解监管机构在评估方法方面的实际操作，为其他机构提供借鉴和学习的经验。

④这些变化趋势将为金融机构适应未来监管挑战提供启示。金融机构需要密切关注监管机构评估方法的变化趋势，理解监管对于新兴风险和技术创新的关切，积极与监管机构沟通和合作。同时，通过借鉴监管机构在评估方法上的创新经验，金融机构可以更好地提升自身风险管理水平，迎接未来监管挑战。

### （二）金融机构调整资本结构的实际操作

1. 增发股票的应对策略

面对资本充足度的监管要求，金融机构通常采取增发股票的策略来增加核心资本。本书将详细研究金融机构在增发股票方面的实际操作，包括定价机制、股权结构调整等。通过案例深入分析，揭示金融机构在增发股票过程中的成功经验和面临的挑战。

2. 优化资产配置的战略选择

金融机构在资本充足度方面还可以通过优化资产配置来提升资本水平。研究涉及金融机构在优化资产配置方面的战略选择，包括资产负债管理、投资组合调整等。透过案例深入分析，揭示金融机构在优化资产配置中的创新实践，为行业提供经验借鉴。

3. 平衡资本充足度和业务增长的挑战

在资本结构调整过程中，金融机构需要平衡资本充足度和业务增长的需求。深入分析金融机构在平衡这一挑战时的困境，包括风险管理、市场竞争等方面的考量。通过案例深入研究，揭示金融机构在资本结构调整中如何保持稳健经营的成功实践。

## 二、流动性风险管理中的监管规定

### （一）监管框架与流动性指标的全面考察

1. 监管框架的多样性与共性

①监管框架的多样性表现在流动性管理组织结构上。不同国家的监管机构在组织结构上存在一些差异，这影响它们对流动性风险的监管和管理。通过深入研究这些组织结构的异同，可以了解各国监管机构在流动性管理方面的理念和实践。

②政策工具是各国监管机构应对流动性风险的重要手段。不同国家采用不同的政策工具，包括公开市场操作、存款准备金率、窗口指导利率等。通过对这些政策工具的研究，可以了解各国监管机构在应对流动性风险时的策略选择，以及

它们的政策工具对市场的影响。

③监管框架中的法规要求和监管标准也存在一定的差异。不同国家对于银行流动性管理的法规要求和监管标准会有所不同，这反映了各国在监管理念和法规制定方面的差异。通过对这些法规要求和监管标准的对比分析，可以总结出各国在流动性管理方面的共性和特色。

④监管框架的多样性与共性需要在国际层面进行合作与协调。虽然各国监管框架存在差异，但在全球化的金融市场中，流动性风险的传染效应使得国际合作变得尤为重要。通过深入研究国际层面的监管合作机制，可以了解各国在共同应对流动性风险方面的经验和教训。

2. 流动性指标的具体要求

监管机构对金融机构的流动性状况提出了净稳定资金比率（NSFR）的具体要求。NSFR 是一个重要的流动性指标，其公式为可用稳定资金除以所需稳定资金。监管机构要求金融机构确保 NSFR 达到或超过监管标准，以保证其有足够的稳定资金满足各类资产和表外风险敞口对稳定资金的需求。通过案例分析，可以深入了解金融机构如何调整资产和负债结构，以提高 NSFR，从而满足监管要求。

现金流匹配比率（LCR）是监管关注的另一个流动性指标。LCR 要求金融机构在面临流动性压力时能够通过现金和高质量流动性资产迅速变现以满足现金净流出的需求。我们将详细研究监管机构对于 LCR 的具体要求，包括合格的高质量流动性资产的要求和计算公式。透过实际案例，可以揭示金融机构如何优化其流动性资产组合，以提高 LCR 水平，应对各类市场情境。

监管机构会对其他流动性指标提出要求，例如拆借和融资拆借比率等。这些指标在一定程度上反映了金融机构的流动性风险管理水平。下文将深入研究这些指标的具体要求，分析监管机构对于拆借和融资拆借等活动的限制和规范，以及金融机构如何在合规的前提下开展这些业务。

通过对监管机构流动性指标的具体要求进行深入研究，我们可以为金融机构提供更具体的流动性管理策略建议。这不仅有助于金融机构更好地满足监管要求，还可以提高其在市场中的稳定性和可持续性。透过实证案例，可以总结出金融机构在面对不同监管指标时的最佳实践，为整个金融行业提供经验借鉴。

3. 监管实践的演变趋势

监管实践的演变趋势体现在监管机构对新兴风险的不断关注与应对。随着金融市场和业务形态的蓬勃发展，新型风险不断涌现。深入分析监管机构如何及时识别并回应这些新兴风险，包括数字资产风险、新型金融产品的流动性挑战等。

透过实证案例，可以揭示监管机构在新型风险监管方面的创新实践，为金融机构提供面对新型风险的应对策略。

国际合作与经验借鉴是监管实践演变的另一重要方面。随着全球金融市场的日益紧密联系，各国监管机构之间的合作变得尤为重要。详细考察监管机构如何通过国际协作、信息共享等方式，共同应对全球性的流动性挑战。透过案例研究，可以揭示国际合作在提高监管效能、降低全球系统性风险方面的成功经验，并为未来国际监管框架的搭建提供借鉴。

监管实践的演变趋势也表现在监管工具与技术的不断创新。随着科技的迅速发展，监管机构逐渐引入先进的技术工具，如监管科技、人工智能等，来提高对金融机构流动性状况的监控效率。深入分析这些新技术在监管中的应用实践，探讨其在提高监管效能、降低流动性风险方面的优势和挑战。透过实证案例，可以总结出技术创新对监管框架的影响，并为未来监管实践的演变提供参考。

透过深度研究监管实践的演变趋势，可以为金融机构提供更具前瞻性的流动性管理建议。这不仅有助于金融机构更好地适应监管要求的变化，还可以提高其在市场中的竞争力和抗风险能力。透过经验总结，可以为监管机构提供关于监管政策与工具创新的建议，推动监管实践不断优化与进步。

### （二）金融机构流动性管理的挑战与创新

1. 市场波动对流动性的挑战

①市场波动对金融机构流动性的挑战主要体现在资产质量下降。在市场波动的环境下，各类资产会面临价值波动，特别是那些与市场相关性较高的资产，如股票、债券等。我们将详细分析市场波动对不同类型资产的冲击，以及这些冲击对金融机构资产质量的潜在影响。通过实证案例，可以揭示金融机构如何在市场波动时评估和调整其资产组合，以降低资产质量波动对流动性的负面影响。

②市场波动导致金融机构融资成本上升。在市场不确定性加大的情况下，投资者对风险的敏感性上升，从而要求更高的融资回报率。深入分析市场波动对融资成本的影响机制，包括市场利率波动、信贷风险溢价等因素。通过案例研究，可以揭示金融机构如何在市场波动时灵活调整融资策略，以缓解融资成本上升对流动性的冲击。

③关注市场波动对金融机构流动性需求的不确定性。市场波动导致投资者行为的不确定性增大，引发更谨慎的流动性管理态度。通过实证研究分析市场波动对金融机构客户提取、赎回等行为的影响，深入了解市场波动如何影响金融机构

的流动性需求。通过案例研究，可以揭示金融机构如何在市场波动时灵活应对客户流动性需求的波动。

④透过深入案例研究，总结金融机构在市场波动时调整流动性管理策略的最佳实践。这不仅有助于金融机构更好地应对市场波动的挑战，还可以提高其在动荡市场中的抗风险能力。通过对流动性管理的案例分析，我们可以为金融机构提供在市场波动环境下保持流动性稳健经营的经验参考。

2.资产负债匹配的难题

金融机构在资产负债匹配中面临的难题之一是资产和负债的时期不匹配。这导致金融机构在特定时期面临流动性短缺或过剩，从而增大了不必要的流动性风险。深入分析这一问题的根本原因，包括负债端的不确定性、资产端的不确定性等。通过实证案例，我们将揭示金融机构如何识别并应对资产和负债时期不匹配的挑战，以实现更有效的资产负债匹配。

流动性缺口的管理也是资产负债匹配中的重要问题。金融机构需要在不同时期和条件下管理其流动性缺口，以确保资产和负债之间的平衡。深入探讨金融机构在流动性缺口管理中可能面临的困境，包括如何衡量和评估流动性缺口、采取何种措施进行调整等。通过案例深入研究，我们将揭示金融机构在流动性缺口管理方面的创新实践，为行业提供具体经验。

关注资产负债匹配中的技术挑战。随着金融市场的不断发展和技术的日益成熟，金融机构在资产负债匹配中面临着新的挑战，包括信息系统的不足、模型风险等。通过实证研究，我们深入了解金融机构如何运用先进技术解决资产负债匹配中的难题，为业界提供借鉴和应对的方法。

通过深入案例研究，总结金融机构在资产负债匹配中的最佳实践。这不仅有助于金融机构更好地应对资产负债匹配的难题，还可以提高其在动荡市场中的抗风险能力。通过对资产负债匹配的案例分析，我们可以为金融机构提供在不同市场环境下实现资产负债匹配的经验参考。

3.创新做法应对流动性管理挑战

金融机构在面对流动性管理挑战时采用的创新做法之一是通过科技手段提升流动性管理效率。随着科技的不断进步，金融机构可以利用大数据分析、人工智能等技术，更精准地识别和评估流动性风险。深入研究这些先进技术在流动性管理中的应用，分析其对流动性预测、资产负债匹配等方面的影响。通过案例深入分析，我们将揭示金融机构如何运用科技手段提高流动性管理效率，并在市场波动时更灵活地应对各种挑战。

金融机构通过制定灵活的流动性规划来应对流动性管理挑战。制定灵活的流动性规划意味着金融机构需要根据市场条件和监管环境的变化，灵活地调整其战略和计划。详细研究金融机构如何制定这样的规划，包括流动性缺口的实时监测、制定多样化的流动性工具和应急计划等。通过案例深入研究，我们将揭示金融机构在流动性规划方面的创新实践，为其他机构提供经验借鉴。

关注金融机构在市场变化和监管规定下的战略调整。金融市场和监管环境的不断变化对流动性管理提出了新的挑战。研究金融机构在应对这些变化时采取的创新策略，包括对投资组合的调整、新型流动性产品的设计等。通过案例深入分析，揭示金融机构在市场动荡和监管演变中的创新做法，为业界提供应对未来挑战的思路和方法。

通过对这些创新做法的深度剖析，总结金融机构在应对流动性管理挑战方面的最佳实践。这不仅可以为金融机构提供指导，更有助于整个行业更好地理解和应对流动性管理的复杂性。

## 三、信用风险要求与金融机构的策略

### （一）监管机构对信用风险的具体要求

1. 信贷风险管理的核心指标

信贷风险管理是金融机构面临的重要挑战之一，也是金融监管机构高度关注和监管的领域。为了强化金融体系稳定，监管机构提出了一系列核心指标，以支持金融机构在信贷风险管理方面的工作。以下是这些核心指标的详细解读。

信贷风险管理的基本框架是监管机构对金融机构信贷风险管理的总体要求和指导原则。它包括风险管理策略、风险定价和控制机制、内部审计和合规等内容。金融机构应根据自身业务特点和规模制定相应的风险管理策略，并建立健全的风险管理体系，以确保良好的信贷风险管理实践。

评级体系是信贷风险管理的重要组成部分。金融机构应建立科学、完整、有效的评级体系，对借款人进行信用评级，并据此确定贷款利率和额度。监管机构要求评级系统具有透明性、可比性和一致性，以便提供准确的信用风险信息，帮助金融机构进行风险定价和做出风险管理决策。

信用风险度量是评估信贷风险的重要指标。监管机构要求金融机构采用科学合理的方法对信用风险进行度量，包括发生概率和损失水平的估计。常用的度量方法包括激进、中庸和保守三种情景模拟。金融机构应根据自身业务和风险特点，选择适合的度量方法，并定期进行风险度量和评估，以及相应的风险报告。

监管机构强调了内部控制和合规的重要性。金融机构应建立健全的内部控制机制和风险管理体系，确保信贷业务在法律法规和内部规章制度的约束和要求下进行。内部控制包括风险识别和评估、风险监控和预警、内部审计等内容，旨在有效防范信用风险，提高机构的稳健性和可持续发展能力。

总之，监管机构对信贷风险管理提出的核心指标包括基本框架、评级体系、信用风险度量以及内部控制和合规等。金融机构应根据这些指标要求，建立健全的信贷风险管理体系，实施科学有效的风险控制和监测，并与监管机构保持良好的沟通和合作，以共同维护金融体系稳定和可持续发展。

2.资产质量的监管标准

资产质量是金融机构经营的核心指标之一，对于维护金融体系稳定具有重要意义。监管机构对资产质量制定了一系列标准和要求，以规范金融机构的风险管理和资产质量管理水平。

监管机构要求金融机构识别和分类不良资产。不良资产是指可能存在信用违约或损失的资产，包括逾期贷款、呆账、坏账等。金融机构应设立健全的不良资产识别和分类制度，根据监管机构规定的标准和流程，对各类不良资产进行识别和分类，并将其计入不良资产的统计和报告范畴。

减值准备是监管机构对资产质量的重要要求之一。减值准备是为了补充因预期信用损失而导致的净值下降所需的资本备付金。监管机构要求金融机构按照一定的计提比例和方法，针对不良资产计提相应的减值准备，以反映潜在的信用风险，并保证金融机构能够承受发生的损失。

监管机构对金融机构的资产质量比例设定了一定的要求。资产质量比例是指不良资产与总资产之比。监管机构通常设定了一定的阈值，对金融机构的资产质量比例进行限制，如不得超过一定比例。通过设定资产质量比例的限制，监管机构能够提高金融机构对不良资产的关注度，促使其加强风险管理和资产质量控制。

监管机构对金融机构进行资产质量报告和信息披露的要求。金融机构应根据监管机构的要求，定期向监管机构报告其资产质量情况，包括不良资产、减值准备和资产质量比例等指标。同时，金融机构还应及时披露资产质量相关信息，提供给投资者和其他利益相关方，以增强信息透明度和投资者保护。

3.监管实践中的创新方案

监管实践在信用风险领域一直不断创新和演进，以应对金融市场的变化和风险挑战。以下是监管机构在信用风险领域的一些创新方案的深入分析。

监管科技的应用是监管实践中的重要创新。监管科技的应用包括人工智能、大数据分析、区块链等技术，可以在信用风险管理中发挥重要作用。监管机构将这些技术应用于风险识别、风险评估和监测等环节，提高监管效率和准确性。例如，利用大数据分析技术，监管机构可以更加准确地识别潜在的信用风险，并提供实时监测和预警。

跨部门协同是监管实践中的另一个重要创新方案。信用风险涉及多个部门和机构，跨部门协同可以提高监管的整体效力。监管机构通过建立合作机制和信息共享平台，加强部门间的沟通与合作，共同应对信用风险。此外，监管机构还在与其他利益相关方（如银行、证券公司、评级机构等）展开合作，加强行业自律和风险管理。

创新的监管方法和工具也是监管实践的重要方向。监管机构积极探索新的监管方法和工具，以更好地应对信用风险。例如，制定更加灵活的监管规则和标准，以适应金融市场的变化和创新；引入定量化和定性化相结合的监管评估方法，以综合评估金融机构的信用风险管理能力。

监管机构还注重加强金融教育与投资者保护。监管实践中的创新包括加强金融知识普及、增强投资者风险意识等。监管机构通过宣传教育活动、金融产品创新监管等方式，提高公众对信用风险的认识，增强金融市场的稳定性和投资者的保护。

### （二）金融机构在信用风险管理方面的策略

1. 信贷评级体系的建设与运用

信用评级体系是金融机构管理信用风险的重要工具，也是监管机构对金融机构信贷风险管理的要求之一。金融机构需要建设有效的信用评级体系，并将其应用到信贷业务中。以下是对金融机构在信贷评级方面的策略的详细研究。

金融机构需要建设合理的评级体系。评级体系应根据不同类型的借款人和业务特点，设计相应的评级指标和评级等级。评级指标包括财务状况、行业竞争力、还款能力等因素。金融机构需要制定清晰的评级流程和评级标准，并确保评级结果具有客观性、准确性和一致性。

金融机构应确保评级结果的监控和更新。评级结果需要进行定期的复核和更新，以反映借款人信用风险的变化。金融机构可以根据评级结果对不同借款人制定相应的信贷政策和风险定价原则。同时，金融机构还可以利用评级结果进行风险管理，如设置逾期阈值，制定相应的措施等。

金融机构应加强评级结果的应用与监测。评级结果不仅用于内部风险管理，还需要有效地与外部相关方沟通和协商。金融机构可以向投资者、监管机构和其他利益相关方解释评级结果，提供可靠的信用风险信息。同时，金融机构需要建立有效的评级监测机制，及时发现和处理评级结果异常或风险信号，以保障评级结果的准确性和稳定性。

金融机构还应加强评级人员的培训和专业能力提升。评级的准确性和可信度直接关系到评级结果的有效性和可靠性。因此，金融机构需要培养一支高素质的评级人才队伍，并持续提供专业的评级培训和学术研究支持，不断提升评级人员的技能和知识水平。

2. 信用风险管理与业务增长的平衡

金融机构在信用风险管理与业务增长之间需要寻求平衡，既要满足监管要求，又要保持业务的健康发展。以下是对金融机构在这一方面寻求平衡的策略的详细研究。

金融机构需要确立风险管理的核心地位。风险管理应被视为业务发展的前提和基础。金融机构应加强内部风险管理体系的建设，包括制定风险管理政策、明确风险承受能力和风险限额，并建立相应的风险管理流程和风险评估方法。只有通过有效的风险管理，金融机构才能在业务发展过程中控制信用风险，确保可持续的业务增长。

金融机构需要制定合理的业务扩张战略。业务增长应建立在风险可控的基础上，遵循适度保守的原则。金融机构可以通过市场细分、产品创新、不良资产处置等方式，寻找业务增长的机会，同时注意控制风险敞口。在业务扩张过程中，金融机构应实时监测和评估业务风险，及时调整业务策略，以确保业务增长与风险控制之间的平衡。

金融机构需要加强风险定价和风险费用的管理。风险定价是指将风险因素纳入产品定价和利率设定中，确保风险与回报相匹配。金融机构可通过差别定价和风险费用管理，根据借款人的信用状况、财务状况等风险指标，提高不同客户的贷款利率或收取风险保证金。这在一定程度上可以控制信用风险，并有效平衡业务增长与风险控制之间的关系。

金融机构应加强内外部的风险沟通与合作。内部风险沟通和合作包括不同部门之间的知识共享和信息共享，以便全面了解和评估风险情况。外部风险沟通和合作包括与监管机构、评级机构、其他金融机构等的合作，共同应对行业和市场风险挑战。通过加强内外部的风险沟通与合作，金融机构可以获取更全面的风险信息和资源支持，更好地平衡信用风险管理与业务增长之间的关系。

金融机构在信用风险管理与业务增长之间寻求平衡的策略主要包括确立风险管理的核心地位、制定合理的业务扩张战略、加强风险定价和风险费用的管理，以及加强内外部的风险沟通与合作。通过平衡监管要求与业务发展，金融机构可以实现稳健的业务增长，同时保持风险的有效控制，确保长期可持续发展。

# 第八章　未来趋势与展望

## 第一节　金融风险管理的发展方向与趋势

### 一、全球化背景下的金融风险演变

#### （一）全球化趋势下的市场复杂性

1. 全球化对金融市场的影响

全球化对金融市场的深刻影响体现在国际贸易和资本流动的加速。随着全球化的推进，国际贸易不断增加，各国之间的资本流动也呈现出前所未有的规模和速度。这种加速的国际交往使得不同国家和地区的金融市场之间的联系更加紧密。因此，需要深入分析全球化加速的原因，包括技术进步、贸易自由化政策等，以及这种紧密联系如何改变金融市场的运作方式。

全球金融联系的日益紧密使得金融市场更加敏感，市场波动更为剧烈。国际贸易和资本流动的加速导致不同国家和地区之间经济的高度关联。一国或地区的经济波动会在短时间内传播到其他地方，引发全球金融市场的波动。因此，需要详细研究这种全球性波动的机制，包括金融市场的联动效应、国际投资者的行为等因素，以深刻理解全球金融市场的复杂性。

最后，应持续关注全球化对金融监管的挑战和影响。由于金融市场的全球性特征，传统的国家层面的监管难以应对跨境金融活动带来的复杂性。我们将研究全球化对金融监管提出的新要求，包括国际监管合作、制定全球性监管标准等。通过案例研究，我们将揭示全球化对金融监管框架的挑战和未来发展方向。

2. 全球供应链的影响

全球供应链的紧密联系使得各国经济更加相互依存。全球化的推进促使企业在全球范围内建立起高度复杂的供应链网络。这样的供应链网络使得各国之间的经济联系更为密切，一国的生产和贸易波动可能在短时间内传播到其他国家。全球供应链的紧密联系会加剧经济波动的传染性。

一国的生产和贸易波动会对整个供应链产生连锁反应，进而影响金融市场。

由于供应链上下游企业的紧密关联，一国的生产中断或贸易政策变化会导致整个供应链的中断。这种连锁反应会影响与供应链相关的企业的盈利能力，进而对金融市场产生负面影响。

金融机构需要更加关注全球供应链的稳定性。由于全球供应链的不确定性和风险，金融机构在风险管理中需要更加关注与供应链相关的信息。因此，需要深入研究金融机构如何评估和监测全球供应链的稳定性，以及制定相应的风险管理策略。通过案例研究，来揭示金融机构在供应链风险管理方面的成功经验和面临的挑战。

此外，还需关注不同国家和地区之间的关联性。不同国家和地区的经济发展水平、产业结构差异等因素使得全球供应链呈现出多层次、多元化特点。根据这种差异对供应链稳定性的影响，以及金融机构如何根据不同国家和地区的特点制定差异化的风险管理策略。通过对比分析，可以总结出在不同背景下的最佳实践。

### （二）新兴市场的崛起与经济体关联性

1. 新兴市场的经济活力

新兴市场的经济活力是全球金融风险的重要驱动因素。近年来，新兴市场逐渐崭露头角，成为全球经济的重要推动力之一。新兴市场崛起的原因，包括其丰富的资源、年轻的劳动力、市场规模的扩大等。通过对这些因素的综合考察，可以揭示新兴市场经济活力的本质，并评估其对全球金融格局的影响。

新兴市场吸引了大量投资，但同时也带来了新的风险。投资者对于新兴市场的热情不断高涨，然而，新兴市场也面临着一系列独特的挑战，如政治不稳定、法律体系不完善、货币波动等。深入剖析这些风险因素，揭示其对投资回报和金融市场的潜在影响，可以总结出投资者在新兴市场中应当关注的关键风险点，为其制定风险管理策略提供参考。

鉴于新兴市场的不确定性，金融机构需要具备应对市场波动的能力。借助历史经验和趋势分析，预测新兴市场可能面临的挑战和机遇。同时，金融机构在面对新兴市场波动时应提出战略建议，包括风险管理、投资组合调整等实际操作建议。

2. 新兴市场波动引发的全球性风险

随着经济日益全球化，新兴市场的波动不再是孤立的事件，而是对全球产生连锁反应。深入研究新兴市场的重要经济指标，包括国内生产总值（GDP）、通货膨胀率、贸易收支等，分析这些指标对全球宏观经济格局的潜在影响。可以揭示其可能引发的全球性金融风险。

金融机构需要建立全球性风险管理机制，提前应对可能的波动。鉴于新兴市场的不确定性，金融机构应当制定更灵活和全面的风险管理策略。需要提出建立全球性风险管理框架的实际步骤，包括跨国投资组合的分散、货币风险的避免等。通过实证研究，总结有效的全球性风险管理策略，帮助金融机构更好地抵御新兴市场波动带来的全球性金融风险。

## 二、可持续发展与环境风险的整合

### （一）ESG 因素的影响

1. ESG 因素的定义和范畴

ESG，即环境（Environmental）、社会（Social）、治理（Governance），是评估企业可持续性的重要因素。这些因素不再仅仅是道德和社会责任的考量，而是在金融风险管理中占有重要位置。在环境方面，关注企业的碳排放、能源利用等；在社会方面，则关注企业的员工关系、社区影响等；在治理方面，关注公司治理结构和透明度，等等。

2. ESG 对投资组合的影响

ESG 因素的崛起使得投资者更加关注可持续发展。投资组合的可持续性不仅涉及金融回报，还包括企业的社会责任和对环境的影响。金融机构需要更加全面地评估投资组合的 ESG 表现，以确保投资不仅对股东产生价值，同时也符合社会和环境的期望。

### （二）环境风险被纳入核心框架

1. 环境风险的多维度评估

细化气候变化的评估是环境风险评估的关键。气候变化是环境风险的核心，深入研究不同气候模型，以分析它们对企业的具体影响。此外，金融机构需要关注极端气候事件的概率和可能影响，以帮助金融机构更准确地定量企业在气候方面的风险暴露。通过对气候变化的全面评估，可以为金融机构提供更具体、更有力的环境风险信息。

科学的评估方法需要采用先进的数据分析和建模技术。根据先进的数据科学工具，包括大数据分析和机器学习等，以更精确地量化环境风险的可能程度。通过运用这些工具，可以提高对不同因素相互作用的理解，更准确地预测环境风险事件的发生概率。通过科学的评估方法，为金融机构提供更可靠、可操作的环境风险数据。

最后，全面地了解企业面临的环境风险是至关重要的。通过深度研究企业的运营、供应链和市场关系，全面了解其在多个维度上的环境风险。这有助于金融机构更好地制定风险管理策略，以确保企业在面对环境挑战时能够保持业务的可持续性。通过对企业面临的环境风险的全面评估，可以为金融机构提供更具前瞻性的环境风险管理建议。

2. 推动金融体系适应气候变化

推动金融体系适应气候变化需要明确的战略方向。深入研究不同金融机构的可持续发展战略，包括投资组合的低碳化、绿色金融产品的创新等。通过对这些战略的深入分析，可以揭示金融机构在适应气候变化方面的成功经验和潜在挑战。

金融机构需要积极参与国际合作和可持续倡议。不同国际机构和行业组织在推动可持续金融方面的合作模式和倡议，如联合国环境计划（UNEP）的金融倡议、巴塞尔银行监管委员会的绿色金融框架等。通过对这些倡议的深入了解，可以为金融机构提供更具体的参与建议。

支持低碳经济的发展是金融机构的一项重要任务。将详细分析金融机构在支持低碳经济转型方面的实际操作，包括对可再生能源项目的投资、碳排放交易市场的参与等。通过对这些实践的深入研究，可以为金融机构提供更具体的操作指南。

最后，社会责任和金融体系稳健性的结合是推动适应气候变化的关键。金融机构应关注如何通过履行社会责任来促进可持续发展，并借此建立更稳健的金融体系。通过深入研究不同金融机构的社会责任实践，可以总结出这种社会责任与稳健性的良性循环机制。

## 第二节　技术创新对金融风险管理的影响

### 一、技术创新引发的风险模型变革

1. 技术创新引发的模型复杂性

技术创新引发了金融模型的革新。传统的统计模型在捕捉市场复杂性方面存在局限，而新兴技术如机器学习和深度学习的出现为建立更准确、全面的风险模型提供了可能。这种创新使得模型能够更好地理解金融市场中的非线性关系，更灵活地适应市场的动态变化。

新型模型的复杂性提高了对数据的要求。随着模型变得更复杂，对于大量、高质量的数据的需求有所增加。这包括市场历史数据、宏观经济指标、公司财务数据等。只有通过充分的数据支持，模型才能更准确地学习和预测市场的变化。

复杂模型的引入加强了对算法透明性和解释性的需求。随着模型变得更复杂，解释模型的决策过程变得更困难，这对于金融从业者和监管机构来说是一个挑战。因此，需要在模型开发的同时注重解释性，确保金融专业人员能够理解模型的预测和决策。

技术创新推动了模型的实时性和动态性。传统模型过于静态，不能灵活地适应市场的瞬息万变。新型模型通过引入实时数据和动态学习机制，使得模型能够更及时地反映市场变化，提高了风险管理的效能。

2. 非线性关系的更好捕捉

新兴技术的引入弥补了传统统计模型在处理非线性关系方面的不足。传统模型过于依赖线性假设，难以准确捕捉市场中的非线性关系，而新兴技术如机器学习和深度学习通过强大的计算能力和复杂的算法结构，能够更灵活地建模和理解非线性关系。

更好地捕捉非线性关系有助于提高模型的预测准确性。金融市场常常涌现出复杂的非线性关系，这包括市场情绪、投资者行为等因素。新兴技术的应用使得模型能够更全面地考虑这些因素，从而提高对市场变化的准确预测，为投资决策提供更可靠的信息。

对非线性关系的更好捕捉有助于潜在风险的及时识别。在金融市场中，潜在风险往往体现为非线性关系的突发变化，这在传统模型中被忽视。新兴技术使得模型能够更敏感地察觉到这些非线性关系的变化，从而更及时地识别并应对潜在的风险。

新技术的应用提高了模型的灵活性和适应性。传统模型需要经过烦琐的调整才能适应非线性关系的变化，而新兴技术的模型具有良好的自适应性，能够实时地调整模型结构，更好地适应市场的变化。

## 二、模型误差减小与决策准确性提高

1. 技术创新对模型误差的影响

技术创新的引入使得模型能够更全面、更精准地利用数据。传统模型受限于数据处理和计算能力，无法充分挖掘大规模和复杂的数据。而新兴技术，尤其是机器学习和深度学习，具有强大的处理能力，能够处理包括结构化和非结构化数据在内的多种数据源。这种全面性的数据利用显著减少了模型对信息的遗漏，提高了对市场复杂性的适应能力。

新型模型利用更先进的算法结构，降低了模型的预测误差。传统统计模型对市场非线性和动态变化的建模能力有限，而新兴技术通过引入更灵活、更复杂的算法结构，使得模型能够更好地捕捉市场的复杂性和变化。这样的算法创新有效提高了模型的预测准确性，为风险管理提供更可靠的决策支持。

技术创新推动了模型的实时性和动态性。传统模型往往基于历史数据进行静态建模，难以及时反映市场的实时变化。而新型模型通过实时监测市场动态，利用动态更新的算法，使得模型能够更及时地调整预测结果，更好地适应市场情境。

技术创新提高了模型的自适应性。传统模型需要手动调整参数以适应新的市场情境，而新型模型具有更好的自适应性，能够根据市场变化自动调整模型结构和参数。

2. 机器学习算法的优化

机器学习算法的优化集中在对大规模数据的更有效处理。传统的算法因为数据量庞大而在计算和处理速度上存在瓶颈，通过引入并不断优化的机器学习算法，系统能够更高效地处理大规模数据，从而提高算法的整体性能。这种优化使得金融模型能够更全面地利用市场数据，提高模型的泛化能力。优化后的机器学习算法能够更灵活地适应市场变化。这种灵活性体现在算法能够在不同市场状态下自动调整参数，捕捉市场动态的变化。通过对机器学习算法进行优化，使其更易于理解和解释，投资者能够更清晰地了解模型的决策逻辑。这提高了金融从业者对模型的信任度，有助于更好地理解和接受算法的决策。机器学习算法的优化降低了模型的预测误差。通过引入更精细的特征工程、改进的损失函数和训练技术等方法，优化的算法能够更准确地捕捉数据之间的模式，提高了模型的预测准确性。对于投资者而言，这意味着更可靠的风险评估和更精准的投资决策。

综上所述，机器学习算法的优化在金融领域取得了显著成果。通过更有效地处理大规模数据、动态适应市场变化、提升解释性和降低预测误差等方面的优化，新一代的机器学习算法成为更可靠和更强大的投资决策工具，有助于投资者更好地规避市场波动。

# 第三节　金融风险管理理论与实践的未来展望

## 一、理论研究的前瞻性

### （一）跨学科整合的趋势

1. 金融风险管理理论的传统局限

①传统金融理论的局限在于对非理性行为的过度忽视。传统理论更倾向于以理性经济学为基础，假设市场中的参与者是理性的、信息完全的，并能够做出最优决策。然而，在实际市场中，非理性行为、情绪波动和羊群效应等现象经常发生，这些无法被传统理论完全解释。

②对系统性风险的理解存在不足。传统理论通常将市场中的风险视为独立事件，忽略了系统性风险的存在。实际上，金融市场中的各种资产和机构之间存在复杂的关联性，系统性风险的爆发会导致市场的广泛崩溃。传统理论未能提供足够的框架来解释这种相互关联性对市场的影响。

③对金融创新和新兴市场的研究相对滞后。传统理论更专注于发达市场和传统金融工具的研究，对于金融创新和新兴市场的理论体系相对滞后。然而，随着金融市场的不断演变，新型金融工具和新兴市场的崛起给整个金融体系带来了新的挑战。

④传统理论往往缺乏对跨学科研究的重视。金融市场的复杂性需要更广泛的视角，传统理论通常过于专注金融学领域，忽略了经济学、心理学、计算机科学等其他学科的重要性。未来的前瞻性理论研究更注重跨学科整合，以更好地解释市场中的复杂现象。

2. 跨学科整合的意义

①跨学科整合强化了对市场非理性因素的解释。传统金融理论在解释市场行为时往往过于理性化，而行为金融学通过对投资者的心理和行为进行深入研究，揭示了人类决策中的非理性成分。将这些心理学、行为学等跨学科领域的理论融入金融风险管理，有助于更全面地理解市场波动背后的动因，提高对市场非理性行为的解释。

②跨学科整合加强了对系统性风险的认知。行为金融学不仅关注个体投资者的行为，还关注群体行为和市场的集体效应。这有助于更好地理解系统性风险是

如何在市场中产生和传播的。通过将行为金融学等跨学科领域的研究纳入金融风险管理框架，金融机构能够更及时地识别和应对市场中的系统性风险。

③跨学科整合促进了对新兴市场和金融创新的研究。传统金融理论在新兴市场和金融创新方面的研究相对滞后，而跨学科整合能够吸纳其他领域的理论和方法，更全面地解析新兴市场和金融创新对整个金融体系产生直接影响。

④跨学科整合为金融风险管理提供了更全面的决策支持。在面对复杂多变的市场环境时，传统金融理论难以提供足够的决策支持。通过整合来自行为学、心理学、经济学等多个学科的知识，金融机构可以更全面地评估风险，制定更有效的管理策略。

### （二）不确定性和非线性的深入研究

1. 关注外部因素的影响

①深入关注政治因素对金融市场的影响。未来的理论研究将更加强调政治动荡、政策变化对金融市场的潜在影响。通过深入剖析政治决策对市场情绪和投资者信心的影响，理论模型可以更准确地捕捉政治因素引发的市场波动，为风险管理提供更精准的预测。

②重点研究社会因素对市场的非线性影响。社会事件、舆论导向对市场心理和行为的塑造都产生重要影响，而这些因素往往呈现出非线性特征。未来的理论研究将探讨社会因素是如何引发市场情绪变化、投资者行为偏离理性的，以更好地理解市场的复杂性。

③深度研究自然因素对金融市场的不确定性影响。气候变化、自然灾害等自然因素会对金融市场产生长期或短期影响。未来理论研究可通过建立更为细致的模型，揭示自然因素如何引发市场波动，以及金融机构应对这些不确定性的策略。

④整合多因素研究提高风险管理的全面性。未来的理论研究应致力于整合政治、社会、自然等多个因素，建立全面性的风险管理框架。通过深入研究这些因素之间的相互作用，理论模型可以更好地反映金融市场在复杂环境下的运作规律，提高对风险的全面性认知。

2. 非线性系统理论的运用

①强调非线性系统理论在市场动力学建模中的作用。未来的研究将首先关注如何利用非线性系统理论更准确地捕捉市场的动态变化。通过引入非线性动力学方程，模拟市场中的非线性关系和突发性变化，有助于更好地理解市场波动的本质，提高对市场走势的预测能力。

②研究非线性系统理论在行为金融学中的应用。行为金融学强调投资者的非理性行为对市场的影响，而这些行为往往呈现非线性特征。未来的研究可以通过结合非线性系统理论，深入分析投资者行为的非线性动力学，以更全面地解释市场中的非理性现象。

③探讨非线性系统理论在风险度量和管理中的创新应用。风险常常表现为非线性的、不可预测的变化，传统风险模型在描述这种复杂性时存在局限。未来的研究可以探讨如何基于非线性系统理论构建更准确的风险模型，提高对市场风险的度量和管理水平。

④总结非线性系统理论在金融领域的综合应用。未来的研究将更加注重综合运用非线性系统理论，结合市场微观结构、宏观经济因素和投资者行为等多个层面，构建更具综合性的金融理论体系。这种整合有助于全面理解金融市场的复杂性，为风险管理提供更全面和深入的视角。

## 二、实践中的创新与改进

### （一）全方位风险管理与多维度风险管理

1. 全方位风险管理的背景和必要性

全球化金融市场的复杂性对风险管理提出了新的挑战。随着全球金融市场的相互联系日益加强，金融机构不再仅面临国内市场的风险，而是面临来自全球多个方面的潜在威胁。全球化背景下，金融市场的波动性增加，国际的经济关系更加紧密，这要求风险管理不仅要关注本地市场，还需全方位考虑全球化带来的风险。

传统市场风险框架的不足促使对多维度风险的关注。传统的市场风险管理主要关注价格波动和投资组合价值的变化，但这仅仅是风险的冰山一角。未来的全方位风险管理需要深入关注操作风险、战略风险、信用风险等多个层面的风险。这些风险来源于内部业务流程、机构决策失误、市场竞争局势等，全方位风险管理的必要性在于综合考虑这些多维度的风险因素。

全方位风险管理对金融机构的业务模式和治理结构提出更高要求。传统的风险管理模式往往过于依赖数学模型，未来的全方位风险管理需要更注重业务实践和公司治理相结合。金融机构需要不仅在技术上提升对各类风险的监测和分析能力，同时在治理结构上建立更灵活和适应性更强的体系，以更好地应对多维度风险的挑战。

全方位风险管理是对金融危机教训的深刻反思。过去的金融危机表明，单一维度的风险管理难以覆盖金融机构全面的风险暴露。全方位风险管理是对危机中暴露出的问题进行深刻反思，强调了对各种风险因素的全面把握和有效管理，减少类似危机带来的影响。

2. 多维度风险管理的挑战

多维度风险管理的数据整合面临着前所未有的挑战。由于不同风险维度的数据通常存储在机构内部的不同系统中，要将这些数据整合成一个全面的风险画像是一项复杂的任务。涉及不同业务部门的信息、多样化的数据来源和格式，数据整合的难度显著增加。建立有效的数据整合机制需要金融机构投入大量资源，包括技术、人力和财力等。

评估方法的创新是全方位风险管理的关键。传统的评估方法往往更注重市场风险，而对于操作风险、战略风险等其他风险维度的评估相对较少。多维度风险管理需要创新的评估方法，能够更全面地考虑各种风险的潜在影响。这包括模型的升级，引入更多的非线性元素，以更好地反映不同风险维度的相互影响。

多维度风险管理需要建立更全面的监控和应对体系。传统的监控体系更专注于市场波动和投资组合价值的变化，而对于其他风险维度的监控则相对滞后。全方位风险管理需要建立实时监控机制，以及能够迅速应对各种风险的灵活体系。这涉及技术上的创新，包括人工智能、大数据分析等先进技术的引入。

多维度风险管理的复杂性要求更高水平的人才和团队协同合作。传统的风险管理往往分工明确，各部门独立操作。而全方位风险管理需要不同领域的专业人才紧密协作，能够理解和应对不同风险维度的挑战。培养具备全方位风险认知和应对能力的团队将是金融机构面临的人才挑战之一。

### （二）危机管理机制的建立

1. 危机不可避免性的认知

危机认知的重要性在于对环境的现实理解。在金融领域，市场变化的不确定性和风险是不可避免的。通过深刻认识危机的存在，机构能够更好地理解市场的动态，及时发现可能的风险因素，为未来的危机应对做好准备。

危机认知需要从多维度进行。不同类型的危机源于不同的因素，包括市场波动、政治经济变化、自然灾害等。机构在认知危机时，需要综合考虑这些多样化因素，以建立更全面的危机认知模型。这种多维度认知有助于更准确地评估潜在危机的影响和可能的发展趋势。

危机认知需要引入前瞻性思维。不仅要认知当前可能的危机，还要通过前瞻性思维，预测未来可能发生的危机场景。这意味着机构需要在察觉危机苗头时迅速做出反应，采取前瞻性战略，以减缓危机的发展速度或避免其对机构造成过大的损害。

危机认知需要贯穿整个机构文化。机构的领导层和员工需要共同认同危机的存在，并在组织文化中树立危机意识。这包括对危机的教育培训、建立危机管理团队等方面的举措，以确保机构在危机发生时能够有序、迅速地做出反应。

2. 灵活的危机响应团队

建立灵活的危机响应团队的重要性在于提高应对危机的敏捷性。这个团队需要由具有丰富经验和多领域专业知识的成员组成，能够在危机爆发时立即行动。团队成员的灵活性体现在他们能够迅速适应不同类型危机的特点，采取针对性措施。

危机响应团队的建立需要明确的责任和流程。每个团队成员应有明确的职责和任务，团队应制定完善的响应流程。当危机发生时，团队快速而有序地响应是确保危机管理成功的关键。因此，团队成员需要清楚自己的任务，能够迅速协同工作。

建立危机响应团队是危机管理机制的一部分。机构需要将危机管理团队纳入整体的危机管理机制中，确保团队在危机发生时能够有效运作。这包括定期的培训和演练，以确保团队成员保持高度的响应水平。

3. 危机管理计划和演练的制订

制订详细的危机管理计划是机构危机应对的基石。危机管理计划应该覆盖从危机预警到应对、恢复的全过程。这包括危机的各种可能性和机构的应对策略，确保在危机发生时，机构能够有章可循地采取行动。

危机管理计划需要综合考虑多个方面的风险。这包括市场风险、操作风险、声誉风险等。通过对各种风险因素的全面评估，机构可以更全面地了解可能发生的危机类型，有针对性地制定应对策略。

危机演练是危机管理计划的重要组成部分。定期的危机演练可以帮助机构验证危机管理计划的有效性，并提高团队对危机的应对能力。演练可以模拟各种危机情境，从而让团队成员更好地适应真实危机发生时的环境。

危机管理计划和演练的制订需要不断更新和优化。随着时局和市场环境的变化，危机管理计划需要及时更新，以确保其仍然适用于当前的情况。定期的演练也需要根据反馈和经验进行调整，以提高机构对危机的整体适应能力。

# 参考文献


[1] 詹亮，冯钰颖.管理会计应用现状及对策探析[J].中国管理信息化，2017，20（13）：36-38.

[2] 张守文.管理会计工具助力国有企业对标管理落地[J].管理会计研究，2020，3（5）：23-32，86.

[3] 白喜平.关于企业风险管理模式及管理原则的研究[J].山西财税，2021（1）：36-37.

[4] 姜灵敏，肖金森，钟瑞琼.基于Borda序值法和模糊层次分析法对进出口公司R&D外包的风险度量[J].价值工程，2018（1）：79-81.

[5] 贾妍.管理会计工具在业财融合中的应用——以铁路商贸物流企业为例[J].焦作大学学报，2021，35（2）：73-77.

[6] 杨农."互联网+供应链金融"行业发展的思考与探索[J].当代金融家，2020（1）：119-121.

[7] 李凌茜.大数据视角下商业银行供应链金融风险管理[J].全国流通经济，2019（26）：157-158.

[8] 张婉荣，朱盛萍.P2P平台下供应链金融风险控制研究——以红岭创投存货抵押贷款违约为例[J].会计之友，2019（7）：18-22.

[9] 申晓军，于立新.巴塞尔新资本协议下的全面风险管理[J].黑龙江对外经贸，2011（5）：132-133.

[10] 高学礼.商业银行全面风险管理体系建设对策[J].时代金融，2021（18）：16-18.

[11] 张精，张舒威.供应链金融国内外研究综述与评介[J].企业改革与管理，2021（16）：121-122.

[12] 李九斤，陈梦雨，徐玉德.区块链技术在金融领域应用的研究综述[J].会计之友，2021（22）：137-142.

[13] 吕亦梅，陈丹.基于信息不对称理论的票务安全风险管控的研究[J].老字号品牌营销，2021（5）：71-72.

[14] 范方志，苏国强，王晓彦．供应链金融模式下中小企业信用风险评价及其风险管理研究[J].中央财经大学学报，2017（12）：34-43.

[15] 薛静．商业银行供应链金融发展存在的问题及策略研究[J].中国市场，2017（4）：57-58.

[16] 宋华，杨璇．供应链金融风险来源与系统化管理：一个整合性框架[J].中国人民大学学报，2018（4）：119-128.

[17] 曹凤岐.互联网金融对传统金融的挑战[J].金融论坛，2015，20（1）：3-6，65.

[18] 曹强，杨修琦，田思雨.中国金融韧性、叠加效应及其与经济周期的交互分析[J].财经科学，2021（6）：12-25.

[19] 邓创，谢敬轩.中国的金融稳定及其与经济、金融周期波动的关联动态[J].国际金融研究，2021（7）：13-23.

[20] 方意，邵稚权，黄昌利.资本市场开放与跨境风险传染防控——基于沪港通的经验证据[J].国际金融研究，2021（9）：65-75.

[21] 龚明华，雷电发.金融创新、金融中介与金融市场：前沿理论综述[J].金融研究，2005（10）：185-191.

[22] 龚攀，王兵.金融创新对金融稳定的影响机制研究——基于资产证券化的微观金融视角[J].南方金融，2013（2）：19-24.

[23] 顾海峰，张亚楠.金融创新、信贷环境与银行风险承担——来自2016年中国银行业的证据[J].国际金融研究，2018，377（9）：66-75.

[24] 郭娜，祁帆，张宁.我国系统性金融风险指数的度量与监测[J].财经科学，2018（2）：1-14.

[25] 何青，钱宗鑫，刘伟.中国系统性金融风险的度量——基于实体经济的视角[J].金融研究，2018（4）：53-70.

[26] 黄益平.防控中国系统性金融风险[J].国际经济评论，2017（5）：80-96，5.

[27] 李炳，赵阳.互联网金融对宏观经济的影响[J].财经科学，2014（8）：21-28.

[28] 李继尊.关于互联网金融的思考[J].管理世界，2015（7）：1-7，16.

[29] 李竹薇，康晨阳.中国股市抵御国际金融风险冲击的能力——基于行业与市场指数的研究[J].国际金融研究，2016（2）：36-51.

[30] 马草原，张昭.金融创新与金融风险监管——演化博弈分析与数值模拟[J].当代经济科学，2020，42（2）：80-91.

[31] 欧阳耀福，李鹏.论国有经济创新力的核心地位[J].经济学家，2021（3）：

24-34.
[32] 刘晓星，张旭，李守伟.中国宏观经济韧性测度——基于系统性风险的视角[J].中国社会科学，2021（1）：12-32，204.
[33] 强国令，商城.数字金融、家庭财富与共同富裕[J].南方经济，2022，395（8）：22-38.
[34] 石睿.金融创新、金融风险与金融稳定的理论分析[J].南方金融，2011（6）：32-36.
[35] 苏任刚，赵湘莲.制造业发展、创业活力与城市经济韧性[J].财经科学，2020（9）：79-92.